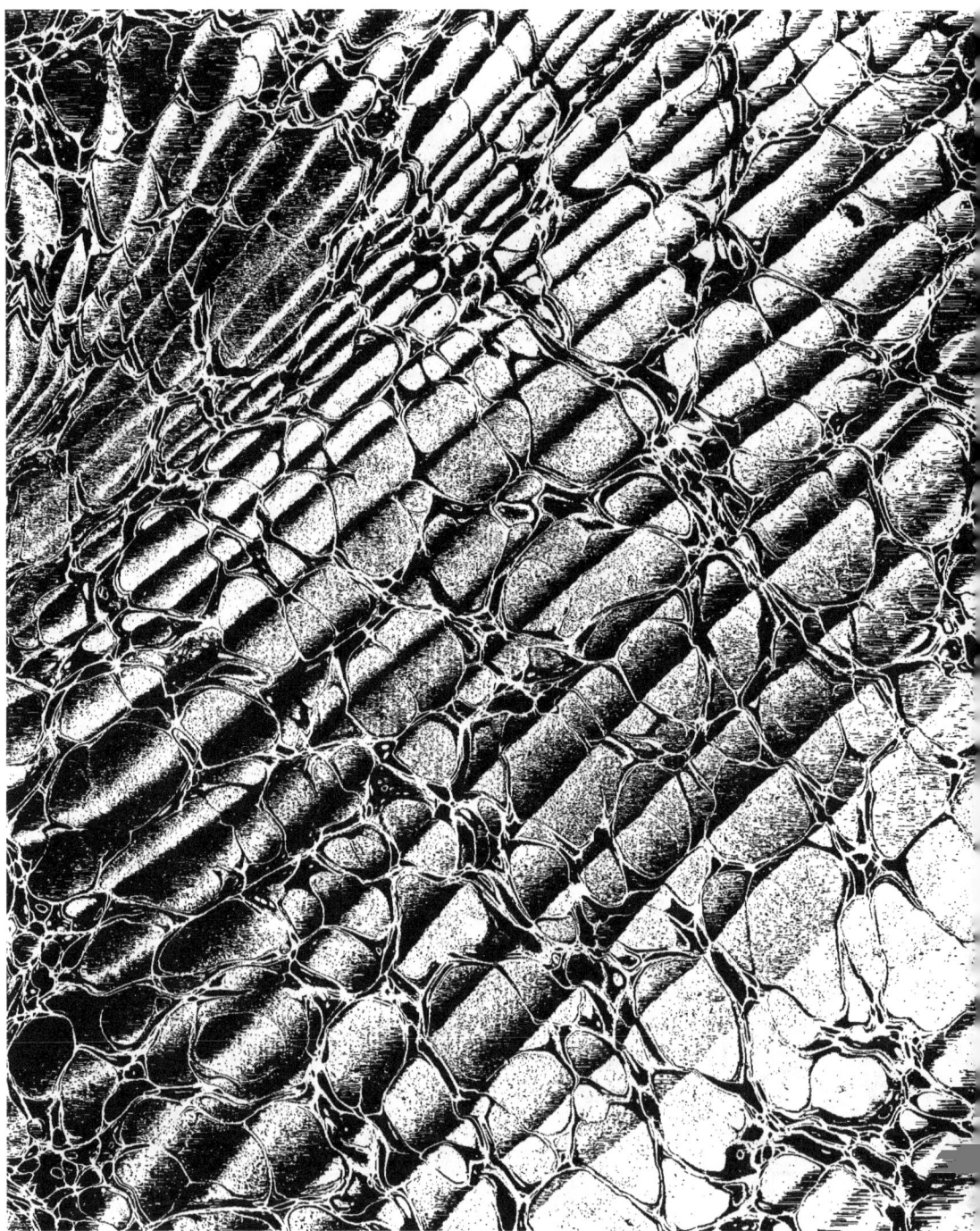

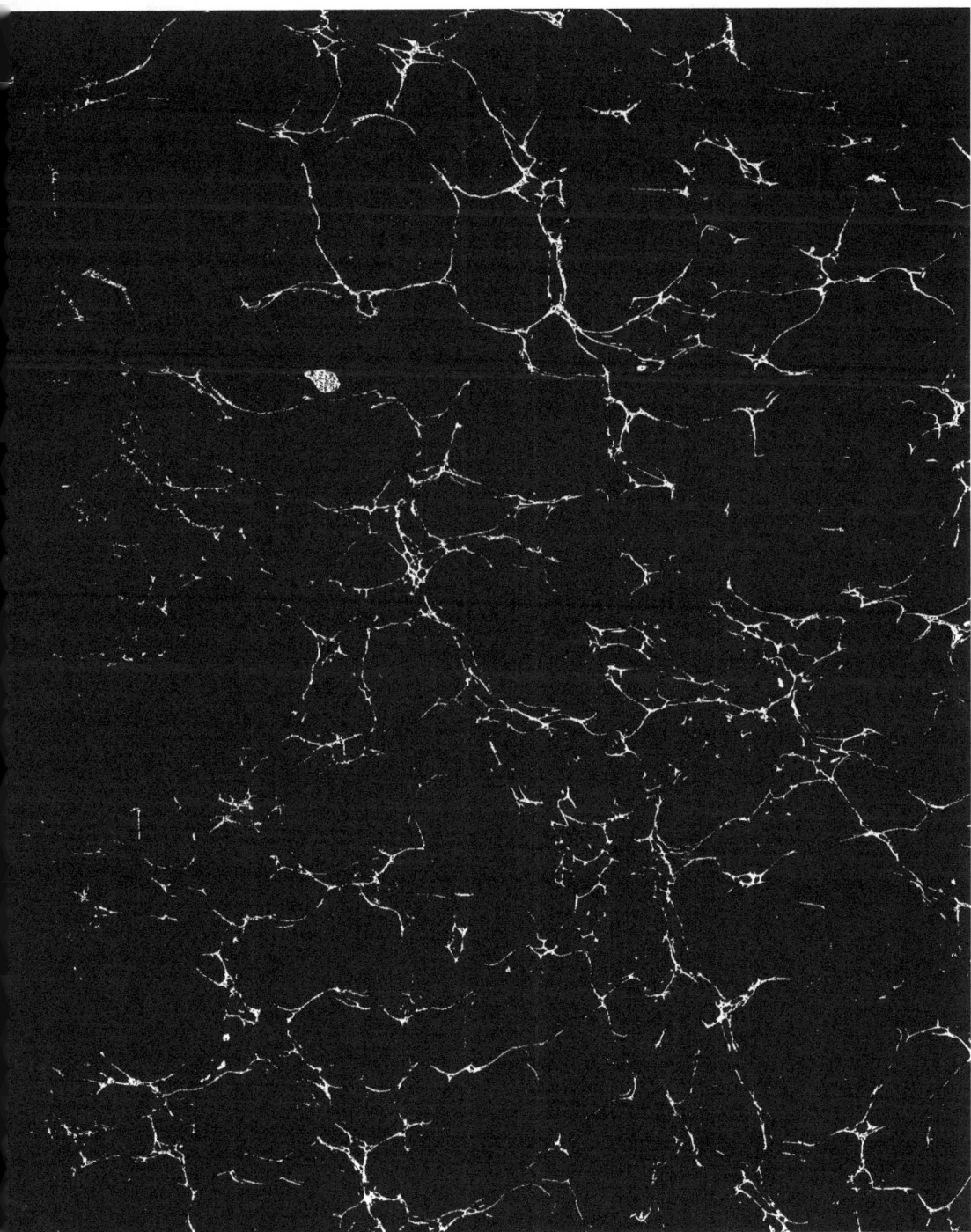

# RAPPORT

## A Monsieur le Comte Duchâtel,

MINISTRE SECRÉTAIRE D'ÉTAT DE L'INTÉRIEUR,

SUR LES

## PRISONS DE LA PRUSSE.

Paris, imprimerie administrative de Paul Dupont et C^ie,
Rue de Grenelle-Saint-Honoré, n. 55.

# RAPPORT

## A Monsieur le Comte Duchâtel,

MINISTRE SECRÉTAIRE D'ÉTAT DE L'INTÉRIEUR,

SUR LES

# PRISONS DE LA PRUSSE,

PAR

## M. HALLEZ-CLAPARÈDE,

MAITRE DES REQUÊTES,

Inspecteur général-adjoint des prisons, Membre du Conseil général du Bas-Rhin.

PARIS.

1843

# RAPPORT

A MONSIEUR LE COMTE DUCHATEL, MINISTRE SECRÉTAIRE D'ÉTAT DE L'INTÉRIEUR,

SUR

# LES PRISONS DE LA PRUSSE.

———————⊷⊶———————

MONSIEUR LE MINISTRE,

Depuis que la grave question de la réforme des prisons s'agite en France, et que l'accroissement des poursuites criminelles et des récidives rend chaque jour sa solution plus urgente, le gouvernement a cherché de tous côtés les lumières qui devaient l'éclairer.

Dans sa sollicitude, et pour ajouter à son expérience l'expérience des autres peuples, il a fait étudier la législation pénitentiaire de l'Angleterre, de l'Amérique, de la Belgique, des Pays-Bas, de l'Italie et de la plus grande partie de l'Allemagne.

La Prusse n'avait pas encore été visitée. Vous avez bien voulu, Monsieur le Ministre, me confier, au mois de mai dernier, l'importante mission d'étudier la législation et l'administration de ce pays, en ce qui concerne les prisons; vous m'avez chargé de recueillir les motifs par lesquels le gouvernement prussien se serait décidé pour le régime de l'emprisonnement individuel. Vous avez aussi recommandé à mon attention les sociétés de patronage, les asiles pour les femmes libérées, et les maisons de refuge pour les jeunes détenus.

Je viens vous rendre compte du résultat de mes recherches.

Par un ordre de cabinet du mois de mars 1842, Sa Majesté le roi de Prusse a ordonné que quatre prisons fussent élevées à Berlin, Kœnigsberg, Ratibor et Munster (1), d'après les dispositions

___

(1) La prison de Berlin devra contenir 520 condamnés, celle de Kœnigsberg 400, celle de Ratibor 500, et celle de Munster 360.

du système pénitentiaire tel qu'il a été modifié dans la maison-modèle de Londres, et que les constructions reçussent soit dans les corridors des bâtiments, soit dans une des quatre ailes de leur ensemble, des ateliers de travail en commun. Cette décision, dont l'exécution n'est pas prochaine, exprime fidèlement l'état de l'opinion publique en Prusse sur la réforme des prisons. Les recherches des publicistes, les enquêtes faites par ordre du gouvernement en Amérique et en Angleterre, les utiles discussions que la science du droit criminel a fait naître, ont aidé sans doute à la bienfaisance active et sérieuse de l'Allemagne pour l'amélioration des prisons, mais n'ont pu jusqu'ici faire prévaloir encore un système exclusif. Sous le ministère de M. de Rochow, l'administration se refusait à introduire l'isolement continu dans les prisons; aujourd'hui, bien que le roi, surtout depuis son voyage à Londres, ait fait pressentir sa préférence pour ce système, l'hésitation n'a pas encore cessé. De nouvelles maisons de détention ont été construites pour le tribunal (Land et Stadt Gericht) siégeant à Landsberg et pour les tribunaux de Karthaus et de Johannisbourg; les prisons de l'Inquisitoriate à Ratibor et à Gruneberg, et celles qui dépendent des tribunaux de Zehden et de Bromberg, sont en voie d'achèvement; de nouvelles constructions ont été ajoutées aux prisons de Kalbe, d'Oppeln, d'Ostrowo, Kompen, etc.; aucun des bâtiments qu'on vient d'élever ou de reconstruire n'est distribué pour l'isolement des détenus (1).

Des cellules ont été établies, il est vrai, dans un certain nombre de prisons, notamment à Sonnenbourg, Spandau, Insterbourg, Halle, etc.; mais elles ne sont employées que comme moyens de punition (voir page 13). Les esprits les plus éclairés ne sont pas encore convaincus (voir page 14), et quelques directeurs redoutent pour un certain nombre de détenus les effets trop rigoureux d'un régime qui ne prolongerait pas cependant l'isolement absolu au-delà de sept années.

Il est un autre motif très grave d'ajournement : le Code pénal et le Code d'instruction criminelle sont soumis à une révision complète. Le conseil d'état est saisi d'un projet sur lequel les États seront aussi appelés à donner leur avis; la réforme des lois criminelles d'un pays et celle de ses prisons sont trop intimement unies pour qu'une d'elles puissent s'opérer isolément, et sans qu'il soit tenu compte des changements que l'autre est prête à recevoir. Ainsi la situation dont je dois vous entretenir est provisoire; les opinions, loin d'être fixées, s'agitent et se combattent; et sur ce point encore la Prusse est en travail.

Il convient cependant de donner un aperçu de la législation criminelle qui subsiste et du système d'emprisonnement qu'elle consacre; j'essaierai de dire quels ont été jusqu'ici leur influence, leur esprit et leurs progrès, afin d'établir une double base de comparaison avec la marche que nous avons nous-mêmes suivie en France, et les projets formés dans les deux pays pour préparer et introduire une réforme définitive.

J'exposerai ensuite l'organisation des prisons de la Prusse, les résultats recueillis par les dernières statistiques criminelles, et la constitution des sociétés de patronage et des établissements de bienfaisance qui secourent la population malheureuse ou coupable. Telles seront, Monsieur le Ministre, les principales divisions de mon travail.

_____

(1) La plupart de ces maisons, notamment celles de Sonnenbourg, Halle, Cologne, etc., sont construites d'après le plan de Bentham, c'est à dire dans un système rayonnant qui rend la surveillance plus facile.

# DES LOIS PÉNALES

## ET DE LA PROCÉDURE CRIMINELLE DE LA PRUSSE.

Le Code prussien ou Landrecht, à la fois œuvre politique, recueil de lois civiles et criminelles, et vaste règlement de police, fut publié en 1794 (1). Le Code d'instruction criminelle qui le complète ne parut qu'en 1805. Le grand nombre d'articles dont il se compose (2) (le Code pénal n'en compte pas moins de 1,577) prouve une grande défiance du juge, la crainte de l'arbitraire, l'intention de prévoir tous les cas.

La loi, en réunissant l'accusation, le jugement et l'exécution dans un seul pouvoir, s'est efforcée de le soumettre à une application rigoureuse de ses dispositions, en ne lui laissant que la liberté de les adoucir quelque peu dans la pratique.

La distinction entre les crimes et les délits ne s'établit pas comme dans notre Code pénal, par la différence des peines que leurs auteurs encourent, mais par la nature et la gravité des torts.

Les peines dont la loi s'est armée sont : l'amende, les châtiments corporels, l'emprisonnement simple ou avec aggravation, la perte des droits et des priviléges, la mort et la confiscation.

Le caractère de l'infamie n'est pas attaché à certaines peines ; les bagnes et la surveillance sous la haute police n'existent pas.

Des supplices cruels, comme la roue, la claie, la potence, sont encore écrits dans le Code, mais l'humanité des mœurs empêche qu'ils soient appliqués d'ordinaire. Il y a même peu de pays où les condamnations à mort soient moins souvent exécutées. De 1818 à 1827, sur 210 condamnations capitales, il n'y eut que 87 exécutions ; et depuis 1835 jusqu'en 1842, sur 170 condamnations, 39 seulement ont reçu leur exécution ; le tableau suivant en fournit la preuve.

---

(1) Ce Code ne doit pas être confondu avec celui connu sous le nom de Code Frédéric. Ce dernier, qui est aujourd'hui abrogé, fut publié en 1749 et 1751. Il avait été fait sous la direction du ministre d'état Corceji. Il fut bientôt trouvé incomplet et défectueux. En 1780, le roi chargea le chancelier Cramer de la rédaction d'un Code général. Dans les années 1784 et 1786, diverses parties en furent successivement publiées ; on les communiqua d'abord sous la forme d'un simple projet. Voici comment le grand chancelier s'exprimait à cette occasion : « Désirant réunir le plus grand nombre de voix sur la rédaction d'un « Code général des états de la monarchie prussienne, je remets ce projet entre les mains du public, l'invitant à lui faire subir « un examen sincère, rigoureux et entièrement libre. » Le Code ainsi préparé fut adopté définitivement en 1791, et promulgué de nouveau, avec quelques additions, par lettres patentes de Frédéric-Guillaume, en date du 5 février 1794.

(2) Le Landrech, sans y comprendre le Code d'instruction criminelle, renferme 2,464 paragraphes, divisés en 1,581 articles.

Ce tableau fait voir que les condamnations à mort ont été pendant une période de six années.

| ANNÉES. | NATURE DES CRIMES. | Crimes d'incendie. hommes. | femmes. | Meurtres. hommes. | femmes. | Assassinats. hommes. | femmes. | Brigandage. hommes. | femmes. | Infanticide. hommes. | femmes. | Fausse monnaie. hommes. | femmes. | Duel. hommes. | femmes. | Vol avec violence. hommes. | femmes. | EXÉCUTÉS. Crimes d'incendie. hommes. | femmes. | Meurtres. hommes. | femmes. | Assassinats. hommes. | femmes. | Brigandage. hommes. | femmes. | Infanticide. hommes. | femmes. | Fausse monnaie. hommes. | femmes. | Duel. hommes. | femmes. | Vol avec violence. hommes. | femmes. | GRACIÉS. Crimes d'incendie. hommes. | femmes. | Meurtres. hommes. | femmes. | Assassinats. hommes. | femmes. | Brigandage. hommes. | femmes. | Infanticide. hommes. | femmes. | Fausse monnaie. hommes. | femmes. | Duel. hommes. | femmes. | Vol avec violence. hommes. | femmes. |
|---|---|---|---|---|---|---|---|---|---|---|---|---|---|---|---|---|---|---|---|---|---|---|---|---|---|---|---|---|---|---|---|---|---|---|---|---|---|---|---|---|---|---|---|---|---|---|---|---|---|
| | Nombre des condamnations à mort prononcées depuis 1835 jusqu'en 1841. | | | | | | | | | | | | | | | | | | | | | | | | | | | | | | | | | | | | | | | | | | | | | | | | | |
| En 1835. | 35 Parmi lesquelles 21 pour les provinces Rhénanes, dont 1 seule a été exécutée.... | 5 | » | 8 | » | 8 | 6 | 1 | » | 3 | 7 | » | » | » | » | » | » | 1 | » | 4 | 1 | 1 | » | » | » | » | » | » | » | » | » | » | » | 3 | » | 7 | » | 4 | 5 | » | 3 | » | 7 | » | » | » |
| En 1836. | 22 Parmi lesquelles 6 pour les provinces Rhénanes, dont aucune n'a été exécutée... | 1 | » | 4 | » | 8 | 5 | 1 | » | 5 | » | » | » | » | » | » | » | » | 4 | » | » | » | » | » | » | 1 | » | 4 | » | 4 | 5 | 1 | » | 5 | » | » | » | » |
| En 1837. | 34 Provinces Rhénanes 21, dont aucune n'a été exécutée. | 5 | 1 | 8 | » | 8 | 5 | 1 | » | 4 | » | » | » | 6 | » | 1 | » | 2 | » | » | 1 | » | » | » | » | 2 | 1 | 6 | » | 8 | 2 | 1 | » | 4 | » | » | 6 |
| En 1838. | 18 Provinces Rhénanes 6, aucune exécution............ | 5 | » | 5 | » | 5 | » | 6 | » | 1 | » | » | » | » | » | 1 | » | 2 | » | (a) 3 | | | | | | 3 | » | 2 | » | 3 | » | » | 1 | » | » |
| En 1839. | 23 Provinces Rhénanes 9, aucune exécution............ | 5 | » | 5 | » | 8 | 2 | 4 | » | 5 | » | » | » | » | » | » | » | 4 | 1 | 2 | » | » | » | 5 | » | 3 | » | 4 | 1 | 2 | - | 3 | » | » | » |
| En 1840. | 23 Provinces Rhénanes 8, aucune exécution............ | 5 | 1 | 4 | » | 7 | » | 5 | » | 5 | » | » | » | » | 5 | » | 2 | (b) | | | | | 5 | » | 4 | » | 4 | » | 1 | » | 5 | » | » | » |
| En 1841. | 14 Provinces Rhénanes 6, deux exécutions............ | 5 | » | 5 | (c) 4 | » | 1 | » | 5 | » | » | » | » | » | » | 1 | » | 2 | » | 1 | » | » | » | » | 5 | » | 2 | » | 1 | » | 5 | » | » | » |
| | 170 | 19 | 2 | 33 | » | 48 | 14 | 17 | » | 24 | 7 | » | » | 6 | 1 | » | 5 | » | 19 | 5 | 11 | » | » | » | » | » | 18 | 2 | 28 | » | 28 | 11 | 5 | » | 24 | 7 | » | 6 |
| | | | | | 170 | | | | | | | | | | | | | | | | 39 | | | | | | | | | | 129 | | | | | | | | |

Un des condamnés compris sous l'astérisque (a) s'est enfui.
Pour deux des condamnés compris sous l'astérisque (c) au 24 juin 1842, la décision du roi n'était pas encore intervenue.
(b) Les condamnations de 1840 n'ont été exécutées qu'en 1841.

à peu près aussi nombreuses dans la province Rhénane, où le Code pénal français continue d'être appliqué, que dans les huit autres provinces de la monarchie, et que la clémence royale n'a maintenu dans leur rigueur que trois verdicts du jury seulement.

De pareils faits affaiblissent sans doute les reproches que provoque l'extrême rigueur de certaines dispositions de la loi, mais ne les détruisent pas. On regrette de rencontrer, dans la loi vivante d'un pays, des textes trop rigoureux, alors même qu'ils ne seraient plus employés que comme des moyens d'épouvante. Ainsi on s'afflige de lire : art. 468, « Que dans le cas de déser- « tion, la confiscation s'étendra aux biens de la femme, fût-elle innocente; » aux art. 670 et suiv., « Que le duel sera puni de mort ou d'une réclusion perpétuelle, suivant les circonstances ; » aux art. 1193 et 1194, « Que si un assassinat a été commis pour se procurer un lucre ou un avantage, « le condamné sera roué en commençant par en bas, mais que si l'assassinat n'a été commis qu'à « cause de la résistance, le supplice de la roue ne sera infligé qu'en commençant par la tête. »

Ces barbaries d'un autre âge ne subsisteront plus dans le Code qu'on élabore. Le gouvernement éclairé de la Prusse a compris que l'humanité, dans une législation criminelle, était un acte de politique raisonnée et prudente. Des peines trop sévères endurcissent. Si un délit entraîne une répression trop rigoureuse, le malfaiteur ne trouve pas dans la législation un motif pour s'abstenir de désordres plus graves. Les témoins se refusent à faire connaître la vérité, et les juges même transigent avec la loi.

Quant à la procédure, elle est loin d'offrir à l'accusé les garanties auxquelles il a droit. L'instruction est secrète ; la défense, qui d'ailleurs n'est pas obligatoire, doit être présentée par écrit. Les communications entre le défenseur et l'accusé ne peuvent avoir lieu qu'en présence du juge et de son assesseur ( actuar ). Les témoins sont entendus toujours séparément. Jamais l'accusé ne doit être présent à ces interrogatoires ni confronté avec ses accusateurs : son défenseur peut seulement y assister.

Le tribunal criminel inférieur est composé d'un seul juge, à la fois accusateur, juge d'instruction, et juge prononçant l'arrêt. Le ministère public n'existant pas, c'est ce juge qui de lui-même ordonne l'arrestation des individus qu'il soupçonne, dirige la poursuite, prescrit le secret, interroge les témoins et prononce les condamnations qui n'excèdent pas 50 thalers (1) d'amende et quatre mois de prison. Dans les causes plus graves, les accusations sont portées non pas devant un jury (2), mais devant un tribunal supérieur, lequel délègue un de ses membres pour l'instruction.

Le Landrecht admettant à peine que le juge puisse se former une conviction sans l'aveu de l'accusé, lui indique les moyens dont il doit user pour l'obtenir : ainsi, lorsque le juge pense que le prévenu cherche à se soustraire au châtiment par des mensonges ou par le silence, il en réfère au tribunal supérieur qui permet de lui appliquer un châtiment corporel ( s'il n'appartient pas aux classes privilégiées ), le retranchement de la nourriture ou le cachot. Le fouet peut même être infligé à un témoin lorsqu'il est suspect d'être le complice du prévenu. Si l'aveu n'est pas obtenu, ou si la déposition de deux témoins irréprochables n'y supplée pas, la condamnation entière ne peut avoir lieu. La déposition d'un seul témoin, si elle est accompagnée d'autres indices, fait encourir la peine extraordinaire qui est moindre que l'ordinaire ; et s'il n'y a que des indices vagues, l'accusé est acquitté provisoirement, mais il doit payer les dépens du procès.

Quand les moyens de preuve sont épuisés, le juge instructeur communique les pièces au défenseur qui ne peut les garder plus de trois jours, et doit présenter sa défense dans un délai déterminé. Alors le juge instructeur fait un dernier interrogatoire et donne connaissance à l'accusé

---

(1) La valeur du thaler est de 3 fr. 70 c.

(2) Le jury a existé en Allemagne avec plaidoiries publiques jusqu'au 12ᵉ siècle; il fut détruit par les princes, lorsque, pour se rendre indépendants, ils renversèrent l'empire sur ses vieilles constitutions. Cependant il s'est conservé dans quelques parties de l'Allemagne jusqu'au dernier siècle, et subsiste encore en Suisse, en Danemarck et en Suède.

des charges qui s'élèvent contre lui; l'accusé répond verbalement si la peine probable ne doit pas excéder 10 ans de détention, et par écrit si elle les surpasse. Le juge d'instruction remet alors toutes les pièces au président du tribunal, qui nomme un juge décernant, lequel s'assure que les formalités ont été observées, et que l'instruction est complète ; dans ce cas, le président nomme un rapporteur (référant), et dans les affaires compliquées, un co-rapporteur (co-référant). Le référant fait son rapport et propose le jugement. Le tribunal le discute ; et, sans voir ni entendre l'accusé, les témoins ou le défenseur, jugeant sur les pièces de l'instruction et de la défense écrite, il adopte ou modifie la sentence qui lui est proposée par le rapporteur.

En seconde instance, la procédure est la même; une troisième instance n'est possible que lorsque le condamné peut prouver son innocence entière par des faits nouveaux.

Il n'y a pas d'appel pour vices de forme ou violation de la loi; il n'existe pas de cour de cassation.

Un tel état de choses appelle inévitablement une réforme. Déjà des améliorations notables ont été faites. Il n'y avait pas de terme de rigueur dans lequel le juge dût procéder à l'interrogatoire de l'accusé: aujourd'hui le délai ne peut être de plus de trois jours, et le jugement ne peut, de son fait du moins, être ajourné à plus d'un mois.

Dans les cas de haute trahison, de lèse-majesté, et toutes les fois que la peine prononcée était la mort ou la détention perpétuelle, le jugement n'était qu'un simple avis et ne devenait exécutoire que par la confirmation que le ministre de la justice était libre de lui donner ; une ordonnance du mois de mars 1841 a supprimé la nécessité de cette approbation par le ministre, et lui a enlevé le droit de renvoyer la cause à l'examen d'une autre cour.

Sur une question plus importante, la publicité des débats et la défense orale, la cour suprême de justice (geheime-ober-tribunal), pour les états non régis par la loi française, a été consultée par le roi. Cette cour s'étant prononcée pour l'affirmative, des essais ont été tentés ; ils ont réussi, et il y a lieu de croire qu'ils ne tarderont pas à se généraliser. — D'un autre côté, le ministère public, qui déjà s'organise dans quelques états de l'Allemagne, doit bientôt s'introduire en Prusse. Les progrès de la science du droit, que cultivent tant d'esprits élevés (1), guident les pas lents mais assurés de la réforme, et la sagesse des théories pénètrera dans les lois d'un pays où les études sont demeurées actives et calmes, et où les idées s'avançent sans relâche et sans passion de tous les côtés où des besoins sociaux se font sentir.

Dans la Prusse Rhénane, le Code d'instruction criminelle et le Code pénal de 1810 continuent d'être appliqués ; mais le gouvernement, par différentes mesures, a modifié ou restreint l'usage des lois françaises. Ainsi une ordonnance du 31 décembre 1833 dispose :

Art. 1er. L'art. 351 du Code d'instruction criminelle en vigueur dans les provinces Rhénanes est abrogé.

2. Dans tous les cas où l'accusé n'est déclaré coupable soit du fait principal, soit d'une circonstance aggravante, qu'à une simple majorité des jurés, les juges délibèreront entre eux sur le même point, et ils décideront eux-mêmes à la majorité des voix (2).

_____

(1) La science du droit, en Allemagne, est étudiée et étendue par deux écoles célèbres, l'école historique, dont M. de Savigny est le chef, MM. Eichorn, Goeschen les zélateurs les plus renommés ; et l'école philosophique, qui compte parmi ses principaux routiens MM. Mittermaïer, Feuerbach, Bisner, etc. L'autorité dont elles jouissent s'explique par le caractère spéculatif du génie allemand, et par la considération que la science porte avec elle dans ce pays ; les jurisconsultes peuvent donner l'autorité d'un précepte aux théories qu'ils ont fait admettre par l'opinion.

(2) Cette disposition s'applique pour ou contre l'accusé; elle est donc moins favorable à ce dernier que la loi du 24 mai 1821.

3. L'avertissement du président, prescrit par l'art. 341 du Code d'instruction criminelle, ne portera pas seulement sur le fait principal, il s'étendra également sur les circonstances comprises dans la question.

4. En répondant aux questions qui leur seront posées, les jurés feront mention expresse, en tête de leur déclaration, non-seulement à l'égard du fait principal, mais encore à l'égard des circonstances aggravantes, si la réponse affirmative est l'effet de la simple majorité.

La cour de cassation peut être appelée à prononcer sur les faits mêmes d'un procès. En 1814, lorsqu'elle fut établie à Coblence pour la Prusse Rhénane, il fut ordonné qu'après cassation la cour statuerait elle-même sur le fond de la cause. Si la cour ne trouvait pas le fond préparé à recevoir une solution définitive, elle devait procéder à de nouvelles informations et à tous les actes nécessaires pour y arriver.—Depuis 1819, que la cour de cassation a été transférée à Berlin, son éloignement l'a quelquefois déterminée à déléguer un tribunal sur les lieux pour procéder aux actes préparatoires et même statuer sur la cause d'après les principes fixés par l'arrêt de cassation. L'ordonnance du 8 juillet 1834 accorde la sanction légale à cette jurisprudence, en prononçant la peine du déni de justice contre les tribunaux qui refuseraient de se conformer à la direction que la cour de cassation aura imprimée à la cause. On voit que ce mode de prévenir une divergence entre l'arrêt de cassation et le jugement du tribunal de renvoi diffère essentiellement de celui établi par la loi française du 30 juillet 1828.

Des changements plus graves ont été introduits : ainsi, par un ordre du cabinet, du 6 mars 1821, la loi prussienne a été substituée à la loi française pour tous les cas où il s'agit de crimes d'état, ou de crimes et délits commis par des fonctionnaires publics, quel que soit leur rang, ou contre eux, ce qui abolit le jury en matière politique ; ainsi, l'ordre des avocats a été supprimé, ils ont été réunis aux avoués et soumis ainsi à l'autorité d'un procureur général. Pour devenir auditeurs, tous les candidats de l'ordre judiciaire (rechts-candidaten) sont tenus de pratiquer trois ans dans la vieille Prusse ; un ordre du cabinet, du 15 janvier 1825, permet au commissaire de police d'agir d'après le droit prussien, et de punir, sans le concours de la justice, de deux jours à quatre semaines de prison ou de travail forcé.

ORGANISATION JUDICIAIRE DE LA PRUSSE.

La Prusse, pour une population de 14,907,091 habitants, compte 7,694 autorités judiciaires ; la juridiction royale s'étend sur 10,488,725 habitants, et la juridiction privée sur 3,395,384 ; ainsi, sur 100 habitants, 75 appartiennent à la première dans les 9 provinces de la monarchie, et 25 à la seconde.

Les autorités judiciaires supérieures qui sont communes aux deux juridictions sont au nombre de 217 comprenant : 1° les 26 tribunaux d'appel, les cours de la province Rhénane, le tribunal supérieur privé et la cour de cassation de cette province ; 2° les chambres d'accusation au nombre de 36 ; 3° 145 commissions et conseils judiciaires des cercles.

Les tribunaux royaux subalternes entretenus aux frais de l'État sont au nombre de 696, dont 216 composés de trois juges au plus, et 481 d'un juge ou deux.

Les tribunaux privés se divisent en tribunaux seigneuriaux de principauté et de cercle, et en tribunaux patrimoniaux ordinaires et extraordinaires, formant un total de 6,629. Enfin, il existe 154 tribunaux extraordinaires répartis entre les différentes provinces.

A ces différentes divisions, développées dans les tableaux suivants, il faut ajouter la principauté de Neufchâtel, laquelle est sous la juridiction spéciale du tribunal souverain, et qui compte deux chambres matrimoniales, 17 cours de justice, et 5 cours de justice criminelle. La principauté, sous le rapport des affaires judiciaires, est placée dans les attributions du ministère des affaires étrangères

## I.— TABLEAU DE LA JURIDICTION PAR PROVINCES.

| PROVINCES. | SUPERFICIE en milles carrés (1). | NOMBRE DES JUSTICIABLES (2) | | | SUR 100 HABITANTS RELÈVENT | |
|---|---|---|---|---|---|---|
| | | EN GÉNÉRAL. | DONT | | de la juridiction royale, | de la juridiction privée , |
| | | | sous la juridiction royale | sous la juridiction privée | | |
| Prusse............ | 1,178,03 | 2,126,816 | 1,793,679 | 333,137 | 84 | 16 |
| Posen............. | 536,31 | 1,158,608 | 1,158,608 | » | » | » |
| Poméranie......... | 573,58 | 968,834 | 580,293 | 1,388,541 | 60 | 40 |
| Silésie............ | 725,98 | 2,621,214 | 1,005,109 | 1,616,105 | 38 | 62 |
| Brandebourg....... | 747,58 | 1,718,493 | 1,194,813 | 523,680 | 69 | 31 |
| Saxe.............. | 460,63 | 1,559,353 | 1,152,702 | 406,651 | 73 | 27 |
| Westphalie........ | 588,90 | 1,446,872 | 1,382,998 | 63,874 | 95 | 5 |
| Province Rhénane.... | 466,20 | 2,303,919 | 2,240,523 | 63,396 | 97 | 3 |
| TOTAUX...... | 5,077,41 | 13,884,109 | 10,488,725 | 3,595,384 | 75 | 25 |

## II. — TABLEAU DES AUTORITÉS JUDICIAIRES.

| PROVINCES. | TRIBU- NAUX supérieur y compris les tribunaux d'appel et les sièges de la Province Rhénane. | CHAM- BRES d'accusa- tion. | COMMIS- SIONS judiciaires des cercles et conseils judiciaires des cercles. | TRIBUNAUX ROYAUX SUBALTERNES, | | | TRIBUNAUX PRIVÉS. | | | TOTAL. | AUTRES tribunaux extraor- dinaires. | TOTAL général de toutes les autorités judiciaires |
|---|---|---|---|---|---|---|---|---|---|---|---|---|
| | | | | AYANT : | | TOTAL. | TRIBUNAUX de principauté, seigneuriaux et de cercles , | | TRIBU- NAUX patrimo- niaux ordinai- res. | | | |
| | | | | 3 juges ou plus. | 1 juge ou 2. | | ayant 3 juges ou plus | ayant 1 juge ou 2. | | | | |
| Prusse. ....... | 4 | 5 | 55 | 30 | 89 | 118 | » | 52 | 1,574 | 1,406 | 21 | 1,589 |
| Posen......... | 3 | 3 | » | 29 | » | 29 | » | » | » | » | 11 | 40 |
| Poméranie..... | 5 | » | 15 | 15 | 40 | 55 | 15 | 5 | 1,157 | 1,175 | 16 | 1,260 |
| Silésie........ | 3 | 9 | 58 | 52 | 79 | 111 | 8 | 209 | 1,880 | 2,097 | 20 | 2,298 |
| Brandebourg... | 4 | 4 | 20 | 21 | 85 | 106 | 2 | 58 | 1,197 | 1,257 | 25 | 1,414 |
| Saxe.......... | 5 | 11 | 19 | 37 | 55 | 72 | 5 | 51 | 613 | 667 | 24 | 796 |
| Westphalie. ... | 4 | 4 | » | 54 | 23 | 77 | 1 | 4 | 12 | 17 | 24 | 124 |
| Prov. Rhénane.. | 10 | » | » | » | 150 | 150 | 1 | 11 | » | 12 | 15 | 167 |
| TOTAUX... | 36 | 36 | 145 | 216 | 481 | 696 | 28 | 368 | 6,233 | 6,629 | 154 | 7,694 |

Les frais de justice s'élèvent à 5,200,000 thalers, dont 200,000 à peu près sont fournis par l'État; et l'excédant provient des épices et des recettes particulières. Dans cette somme sont com-

(1) La longueur du mille est de 9,050 mètres.
(2) Les militaires exceptés.

pris les frais de la justice criminelle pour 236,940 thalers ainsi répartis entre les neuf provinces.

Prusse...................... 39,800
Posen...................... 27,000
Poméranie.................. 6,450
Silésie..................... 32,500
Brandebourg............... 19,460
Saxe...................... 27,000
Westphalie................. 12,130
Province Rhénane.......... 71,800

### DE L'ÉTAT ACTUEL DES PRISONS EN PRUSSE.

Les prisons en Prusse se divisent en différentes catégories : 1° les maisons préventives placées sous la surveillance et dans les attributions du ministère de la justice, qui ne comprennent pas cependant les maisons d'arrêt dans la province Rhénane, lesquelles ressortissent du département de l'intérieur ; 2° les maisons de simple police (polizei-haus), les maisons de correction et de réclusion (straf anstalt), qui dépendent toutes du ministère de l'intérieur ; 3° les prisons d'état ou forteresses désignées par le juge comme le lieu où certains condamnés doivent subir leur peine.

A côté de ces différents établissements de répression, la charité publique, de concert avec l'administration, a élevé, pour prévenir par le travail le crime ou ses récidives, des *maisons d'éducation*, et des maisons de pauvres qui participent des salles d'asile et des maisons d'école.

Les maisons d'arrêt et les maisons de correction et de réclusion ne se distinguent pas toujours les unes des autres par leur usage et leur destination, souvent elles se confondent ; ainsi le juge peut autoriser un condamné à subir dans la prison où il a été préventivement détenu une peine d'une courte durée, et des condamnations de simple police s'expient dans les mêmes prisons que les condamnations correctionnelles qui s'étendent jusqu'à 10 ans, et les condamnations criminelles qui durent la vie entière. Les différences ne subsistent que dans le régime intérieur (1). Cette confusion fâcheuse, qui a pour causes principales la diversité des autorités judiciaires et l'insuffisance des prisons, rend plus difficile l'étude des différents établissements que la loi a voulu cependant constituer d'une manière distincte. Nous devons en séparer l'examen.

### MAISONS D'ARRÊT ET DE JUSTICE.

Il existe des maisons d'arrêt dans les cercles de district et dans les juridictions princières et patrimoniales. Ces maisons, qui diffèrent beaucoup les unes des autres par l'organisation et l'étendue, laissent d'ordinaire beaucoup à désirer. Dans la plupart, les détenus sont confondus entre eux sans qu'il soit tenu compte de la diversité d'âge, d'éducation, de gravité dans les délits qui leur sont reprochés. La surveillance s'exerce mal, et l'absence de travail aide à la contagion de l'immoralité.

Dans la prison de Berlin, qui contient environ 600 détenus, la plupart sont renfermés au nombre de 4 ou 5 dans des chambres étroites, mal aérées, et où les baquets répandent une odeur insupportable. Les femmes occupent un des côtés du corridor; des enfants de 10 ans sont réunis aux hommes et aux adultes. Outre les accusés, la prison renferme encore des condamnés à moins

(1) Voir, à la seconde partie du rapport, le règlement de Rawiectz et l'ordonnance de 1834.

de trois mois, qui sont employés aux travaux intérieurs de la maison, et que rencontrent incessamment les prévenus lorsqu'ils sont conduits dans les préaux. Enfin, on réunit dans une partie de la maison des enfants vagabonds ou abandonnés qu'on soumet à l'enseignement et à certains travaux manuels. Dans la Prusse Rhénane, notamment dans la maison de Verden et dans celle de Cologne, les prévenus et les condamnés des deux sexes sont réunis dans la même enceinte, et dans plusieurs maisons les détenus pour dettes sont en contact avec les autres prisonniers.

Les abus qui résultent d'un tel état de choses se prolongent souvent d'une manière déplorable; nous avons remarqué des accusés dont l'emprisonnement durait depuis plus de deux ans; le juge attendait patiemment leur aveu. Ils étaient ainsi victimes des garanties mêmes que la loi a voulu leur donner en n'accordant au juge que certaines preuves de culpabilité nécessaires et déterminées, et moins les charges étaient évidentes, plus la détention se prolongeait. C'est surtout dans le système suivi par la procédure criminelle en Prusse qu'on peut dire avec un de nos plus illustres magistrats: « Le prévenu attend, pour prouver son innocence, qu'on n'ait plus de preuves à recueillir contre elle. » Aussi dans ce pays où la durée de la prévention est relativement plus longue que dans aucun autre, est-on justement fondé à réclamer, au nom de l'humanité et de la morale, la réforme des maisons d'arrêt.

## PRISONS POUR PEINES.

### POPULATION.

Le nombre des établisssements de répression placés sous l'autorité du ministre de l'intérieur est de 27. Le terme moyen par jour de la population a été, d'après le rapport général de l'année 1841, de 11,439 têtes dont 9,318 hommes et 2,121 femmes. La population moyenne d'une prison dépasse 400 détenus. Pendant le mois de juillet, le nombre des détenus à Sonnenbourg était de 636;

Celui de Brauweiler, 722 dont 594 hommes et 178 femmes; Cologne, 858 dont 642 hommes et 215 femmes; Spandau, 761 dont 689 hommes et 72 femmes. Le nombre des entrées, en 1841, a été de 18,742 dont 15,137 hommes et 3,605 femmes. Le nombre des libérations a été de 18,331, dont 14,588 hommes et 3,743 femmes. Parmi les détenus entrés dans les prisons pendant le cours de l'année 1841, il s'en trouvait 13,808 condamnés pour la première fois; ainsi le nombre des récidivistes était de 4,934.

### CLASSIFICATIONS.

Les sexes sont séparés par la distribution intérieure des prisons, mais réunis dans l'enceinte des principales, notamment dans celles de Sonnenbourg, Spandau, Cologne. La classification des détenus d'après l'âge n'a lieu que pour ceux qui n'ont pas encore atteint 18 ans. Ces derniers sont séparés des autres détenus pour le travail, pour l'instruction et pour le repos pendant la nuit.

La loi a voulu établir entre les détenus deux catégories principales d'après l'espèce du délit. La première catégorie comprend les condamnés pour crimes commis par intérêt, tels que : vol et recèlement de toute espèce, brigandage, incendie, faux, dol, soustraction frauduleuse, banqueroute, faux monnayage, etc. Dans la deuxième catégorie sont rangés les condamnés pour crimes commis par passion, par malice et par négligence, tels que : complicité d'incendie, homicide, coups et blessures, suppression d'état, infanticide, tumulte dans les rues, résistance contre les autorités, menaces et injures, etc.

D'après les statistiques officielles du ministère de l'intérieur, la proportion entre ces deux catégories serait de 4/5ᵉ des condamnés pour la première, et de 1/5ᵉ pour la seconde.

Cette division est loin d'être exactement observée, et le juge lui-même la modifie ; souvent même il arrive que, sans égard pour la nature du délit commis, les catégories s'établissent sur des présomptions morales ; ainsi on comprend dans la première classe les détenus condamnés pour la première fois (1), ceux qui pendant l'instruction ont montré par leur conduite qu'ils étaient susceptibles d'amendement ; dans la seconde on reçoit les condamnés en récidive, et ceux qui, par leur dépravation reconnue, ou l'immoralité de leurs habitudes, seraient dangereusement réunis aux moins coupables ; enfin les détenus sont, parfois, classés suivant la durée de la peine , et ceux condamnés à 3 ans et plus d'emprisonnement sont séparés des autres.

### ORGANISATION INTÉRIEURE.

Depuis quelques années, de nombreux règlements ont introduit dans les prisons un régime uniforme de travail et de silence, prescrit l'enseignement religieux, organisé la surveillance, la nourriture, l'habillement, etc.... Je joins à mon rapport la traduction des principaux, qui sont : le règlement du 31 janvier 1834, le règlement de Rawiectz en date du 4 novembre 1835, qui est applicable à toutes les prisons de la Prusse, et un ordre du cabinet du 26 mars 1842.

Plusieurs dispositions de ces règlements méritent d'être remarquées.

La Prusse est un des pays où le condamné est considéré comme débiteur des dépenses qu'entraînent sa nourriture et son entretien ; aussi le produit de la tâche qui lui est imposée est entièrement versé dans les caisses de la maison. Ce n'est que lorsque cette tâche qui , sous peine de punition, doit être faite chaque jour, est achevée, qu'il peut obtenir, par un supplément de travail, un pécule dont l'usage est d'ailleurs réglé par l'administration. Le directeur mesure la tâche sur l'âge, la force, l'intelligence et l'aptitude de chaque détenu, en ayant soin d'employer aux ouvrages les plus pénibles et les moins lucratifs les détenus de la deuxième catégorie.

La cantine n'est pas entièrement supprimée , mais réduite à satisfaire les besoins.

Il ne peut être payé au détenu, sur le produit de l'excédant de son travail, qu'une somme de 5 silᵍʳ. par semaine (environ 12 sous).

Deux fois par semaine, les aumôniers des deux communions catholique et protestante donnent l'instruction religieuse, et l'enseignement primaire a lieu le dimanche pour les adultes, et chaque jour de la semaine pour les jeunes détenus.

Lors de la libération, le détenu qui, trois mois auparavant, a dû faire la déclaration de la résidence qu'il a choisie, y est dirigé ; s'il justifie de moyens suffisants d'existence, ou que la commune, à défaut de ses parents, consente à le recevoir et à le soutenir, sa masse de réserve est envoyée aux autorités locales.

Dans les établissements disciplinaires pour les femmes, la surveillance, à l'avenir, ne pourra être exercée que par des femmes.

Dans l'intérieur de chaque prison, des conférences qui réunissent les aumôniers, les médecins, les employés supérieurs et les conseillers départementaux du gouvernement doivent être tenues

(1) En Prusse, il n'est tenu compte de la récidive qu'autant que les deux condamnations ont été prononcées pour vol, faux ou fraude.

deux fois par semaine sous la présidence du directeur. Dans ces conférences, sont examinés : les questions relatives à l'état moral de la maison, ainsi qu'à la nourriture, aux vêtements, et au travail des détenus ; les demandes en grâce, le droit à passer dans une autre catégorie et tous les objets sur lesquels le directeur voudra provoquer une délibération.

Outre les mesures générales dont l'observation est rigousement prescrite par les ordonnances précitées, il y a pour chaque prison un règlement de police intérieure, qui fixe l'emploi du temps et les détails de la discipline.

Pour fortifier la surveillance et suppléer au petit nombre de gardiens, un ou deux des plus anciens détenus, par dortoir et par atelier, sont chargés, dans certains établissements, de faire un rapport sur les contraventions qui peuvent être commises contre les règlements.

Les notes recueillies par les rapports des surveillants sont jointes aux *actes* de chaque détenu et complètent le dossier moral où sont inscrits les renseignements obtenus par l'instruction, le jugement de condamnation, les rapports de l'aumônier, du médecin et du directeur.

## RÉSULTATS.

Le directeur à qui est laissé un pouvoir étendu en use d'ordinaire, il faut le dire, avec sagesse et avec zèle. — Il s'étudie à connaître le caractère de chaque détenu, son passé, ses habitudes, et souvent il pénètre dans sa confiance. Son autorité morale se fortifie par ces relations malgré les difficultés qui naissent de la concentration d'un grand nombre de détenus; et sous cette influence, lorsque surtout ses efforts se concertent heureusement avec ceux de l'aumônier, la prison ne réprime pas seulement, elle réforme et corrige. Les punitions pendant la durée de l'emprisonnement diminuent dans la plupart des maisons disciplinaires, et après les libérations les récidives, depuis quelques années, ne se sont pas accrues. — Nous en donnerons la preuve en rendant compte des résultats de la dernière statistique criminelle.

## MORTALITÉ.

Les soins apportés à la propreté et au régime de la maison, ainsi qu'à la nourriture et au vêtement des détenus, ont réduit la mortalité à un chiffre bien inférieur à celui de nos prisons. Depuis trois ans il n'a pas dépassé 504, ce qui fait 2 2/3 pour cent sur toute la population des prisons (1).

## NOURRITURE.

Les détenus font quatre repas : ils déjeunent à 6 h. 1/2 en été et à 7 h. en hiver, ils dînent à midi, goûtent à 4 h., et soupent à 8 h. On distribue chaque matin une livre et demie de pain aux hommes et une livre et quart aux femmes. — Chaque détenu divise sa consommation de pain entre les quatre repas. — Dans la plupart des maisons d'arrêt les détenus reçoivent les aliments chauds trois fois par jour; dans la prison au dîner et au souper seulement. — Ces aliments se composent d'une soupe et d'un plat de légumes. — La portion est doublement mesurée par la cuiller de distribution et par l'écuelle du détenu : elle équivaut à 1 litre 1/2.

Les légumes ordinaires sont des pommes de terre ou des pois.

(1) Dans la prison de Sonnenbourg qui renferme plus de 600 détenus, le nombre des décès n'a été que de 56 depuis 1835 jusqu'en 1841, c'est 1 pour cent par année.

Il entre dans la soupe de 5o à 6o décagrammes de pain, 3 à 4 décagrammes de sel, 5 à 6 déca-grammes de beurre et quelques herbes.

### PRODUIT DU TRAVAIL.

Le produit du travail s'est accru depuis quelques années d'une manière sensible; il n'était que du cinquième de la dépense générale dans la plupart des établissements; la moyenne aujourd'hui s'est élevée au tiers : les frais généraux comprenant, outre la dépense des détenus, les appoin-tements des employés, des médecins, des chirurgiens, aumôniers et instituteurs primaires, les frais de bureau, le chauffage, l'éclairage et l'entretien des bâtiments, le traitement des ma-lades, etc.... donnent un chiffre moyen de 56 th. 23 sg. par détenu.

Le montant du produit du travail donne par tête et en moyenne 23 th. 2 sg. Il reste donc à la charge de l'État une subvention de 33 th. 20 sg. pour chaque détenu.

### APPOINTEMENTS DES EMPLOYÉS.

Les appointements des directeurs sont fixés de la manière suivante :

Dans les établissements qui renferment 5oo détenus ou un plus grand nombre, les directeurs ont outre le logement, un traitement de 8oo à 1ooo th.;

Dans les établissements de 3oo à 5oo détenus, 7oo à 8oo th.;

Dans les établissements de 1oo à 3oo détenus, 6oo th.;

Les appointements des inspecteurs sont de 5oo à 6oo th.; et ceux des gardiens de 24o, 2oo, 18o et 15o. Lorsque le logement ne peut être fourni aux gardiens, ils reçoivent une indemnité de 5 o/o des appointements.

### EMPLOI DES CELLULES.

Nous avons dit que l'usage des cellules avait été introduit dans différentes prisons (1); il est difficile de déterminer la part d'influence que ces cellules peuvent avoir dans les améliorations obtenues, car l'emploi en a été modifié suivant les circonstances, et jusqu'ici elles n'ont été consi-dérées que comme moyen de châtiment.

L'emprisonnement solitaire dépend entièrement de la volonté du directeur. Il le suspend ou le prolonge suivant l'impression qu'il paraît produire; il l'applique aux condamnés à courtes peines, et aux condamnés à longs termes; la maladie le fait cesser, et il est interrompu, chaque jour, par la promenade en commun dans les préaux, et le dimanche par les exercices religieux.—D'habi-tude, le travail est donné comme adoucissement; d'autres fois il est imposé, et la contrainte s'exerce par un retranchement de nourriture; dans certaines prisons, comme à Spandau, les enfants seuls y sont soumis et pour une courte durée. — Les dimensions des cellules sont loin aussi d'être uni-formes; elles varient de 12 à 9 pieds de longueur, de 7 à 5 de largeur et de 10 à 8 de hauteur.

Ces expériences imparfaites n'accusent pas plus qu'elles ne justifient le système de l'isolement, et la pratique actuelle, par sa mobilité et ses variations, ne peut en aucune façon servir d'argument.

(1) La prison de Sonnenbourg compte 150 cellules, celle d'Insterbourg un nombre à peu près égal.
Spandau, 30.
Cologne, 80.
Halle, 48.

Sur le principe même du système, des doutes existent encore, nous l'avons dit, aussi bien dans l'esprit de certains hommes pratiques que dans les livres et les théories des publicistes. Le directeur de Sonnenbourg ne pense pas que l'isolement puisse se prolonger au-delà de trois années sans porter atteinte à la raison des détenus. Le directeur de Cologne redoute aussi une *solitude* trop absolue et croit qu'il suffit de borner l'isolement à la nuit, suivant l'usage adopté pour les prisons du grand-duché de Bade et du royaume de Wurtemberg. — D'un autre côté le savant jurisconsulte M. Mittermaier, le docteur Graba de Kiel, dont l'ouvrage sur le système pénitentiaire de Schleswig jouit d'une juste réputation ; le directeur de la prison de Kaiserslautern, M. Obermaier ; madame Fry (1) qui, l'an dernier, a visité les prisons de la Prusse, etc..., s'accordent à combattre le système pensylvanien. Cependant ce système est soutenu avec ardeur par des hommes dont l'autorité est aussi fort considérable, et vers lesquels, depuis quelques années surtout, l'opinion semble pencher. Parmi eux nous distinguons MM. Riestelhuber, directeur de la maison de Brauweiler ; le docteur Julius, qui a consacré sa vie à l'étude et à la réforme des prisons, et qui a été successivement chargé par le gouvernement prussien de visiter les prisons de l'Amérique, de l'Angleterre et de la France ; le docteur David de Copenhague ; MM. Enst, Farentrapp, Noeslner, etc....

Dans son livre intitulé : *Wegweiser sur literatur der Waisenpflege... und der Gefangnisskunde*, 2° v., pag. 345, M. Riestelhuber s'exprime ainsi : « D'après mes convictions qui sont fondées sur « une expérience de 25 ans acquise dans la direction des prisons, la séparation des détenus est le « moyen de punition à la fois le plus simple, le plus humain et le plus efficace. Dans l'état actuel « on ne peut espérer aucun amendement. La contagion d'une masse corrompue s'étend nécessai- « rement sur un nouveau prisonnier. Les relations qu'il contracte avec plusieurs centaines de mal- « faiteurs, avec lesquels il se trouve incessamment en contact, l'empêchent non-seulement de « réfléchir sur lui-même, mais encore de sentir la gravité de la punition ; il n'entend même plus le « bruit de ses chaînes ; il se soumet par prudence, et il travaille par cupidité afin d'acquérir quelque « gain qui rende sa position plus supportable. »

Le docteur Julius, dans la conclusion de son livre sur la prison de l'Amérique, émet un jugement semblable.

Le temps, qui fortifie chaque jour cette opinion, la fera, nous l'espérons du moins, triompher entièrement. La prison d'Eberbach, dans le duché de Nassau, où le système pensylvanien est exactement appliqué, produit depuis plusieurs années les résultats les plus heureux sous le rapport moral aussi bien que sous le rapport de la dépense, du produit du travail et de la mortalité. Une expérience semblable sera prochainement tentée à Hambourg. Le directeur de la prison de Bruchsal, dans le pays de Bade, réclame l'application de l'isolement absolu. La ville de Francfort semble prête à l'introduire dans la prison qu'elle doit construire. Le Danemarck et la Saxe ne doivent pas tarder à suivre ces exemples.

Le zèle des nombreux partisans de la réforme est encouragé par les progrès du régime actuel des prisons. Les améliorations obtenues jusqu'ici sont la plupart d'un ordre matériel ; ils ne doutent pas qu'en appliquant les mêmes efforts aux améliorations morales, on ne réussisse mieux encore. Nous nous associons entièrement à leurs vœux et à leurs espérances. Oui, c'est surtout

(1) A l'occasion des débats soulevés par le projet de construction de la nouvelle prison de Francfort, il a été publié une lettre de M^me Fry, membre célèbre de la secte des quakers, où elle déclare « que son expérience et les observations qu'elle a « faites, tant en Angleterre qu'à l'étranger, l'autorisent à croire que le système de l'isolement continu peut, dans son exécu- « tion, conduire à de grands abus, et devenir une peine trop cruelle, si l'établissement n'est pas visité comme il devrait l'être. « Or, les visites ne se font jamais à propos, et d'ordinaire elles sont trop rares. Son oncle Joseph Johnsinnery, qui a récemment « étudié les prisons de l'Amérique, partage son avis et ne doute pas que ce régime ne cause un mal réel à l'intelligence d'un « certain nombre de détenus.

de l'amélioration morale du détenu qu'il faut s'occuper. Puisque les catégories établies dans les prisons de la Prusse sont aussi incertaines qu'impuissantes, il faut se demander si l'isolement ne serait pas plus favorable à la réforme, si le respect humain, ce grand obstacle des conversions, n'y perd pas sa puissance, et si, touché par sa propre infortune, l'homme ne revient pas à des sentiments qui le rassurent et le consolent. La solitude ramène le prisonnier à un retour sur lui-même, et le met aux prises avec sa conscience; elle évoque son passé et avec lui peut-être les regrets d'une conduite dont il subit aujourd'hui les effets. Son audace n'a plus de témoins, ses complices ne sont plus là pour l'encourager et l'enhardir; dompté par la solitude, le silence et le temps, le sentiment de l'impuissance convaincra sa faiblesse, et il cherchera un refuge dans les consolations religieuses et le travail. L'aumônier l'encourage de ses visites et de ses conseils; s'il sait lire, il lui donne des livres dont l'esprit soit en harmonie avec sa situation; s'il a une profession, il la continue; s'il en manque, on lui donne le choix de métiers qui s'exercent seuls et n'exigent pas le concours de plusieurs ouvriers. Ainsi il devient possesseur d'une industrie en quelque sorte individuelle, qu'il peut exercer après sa libération, et il n'aura plus à redouter que le préjugé lui refuse des moyens de travail (1). Dans l'état actuel, les condamnés trouvent la faculté de se reconnaître dans le monde après leur sortie; cette reconnaissance est une cause fréquente de complicité pour de nouveaux forfaits, et une honte profonde pour ceux qui conçoivent encore un sentiment d'honneur. Si quelques-uns de ceux qu'ils ont connus rentrent dans la prison pour crimes de récidive, cette rentrée a le danger de leur faire croire que tout retour au bien est impossible.

La surveillance la plus active comprime à peine la révolte, elle n'empêche jamais la contagion du vice. Cette contagion, qui de l'aveu de M. Riestelhuber est inévitable dans la vie commune, cesse avec l'isolement; lui seul préserve le prévenu, et, pour les condamnés, s'il ne corrige pas les êtres vicieux et corrompus, il peut redresser du moins les mauvais penchants de ceux qui n'étaient entraînés que par une funeste imitation.

Les reproches de barbarie et de cruauté qu'adressent à ce système le docteur Graba, Mme Fry, etc., sont bien loin d'être justifiés par les faits, en Allemagne du moins. Dans la prison d'Eberbach où se pratique l'isolement continu, il n'est mort en 1841 qu'un détenu sur 50, tandis que la proportion a été pour la prison de Linz en Autriche, 1 sur 10; celle de Brüns, 1 sur 6; celle de Munich, 1 sur 5. Dans la prison de Cologne qui renferme 80 cellules, la mortalité n'a été que de 1 sur 48, et nous avons vu qu'à Sonnenbourg, où il n'existe pas moins de 150 cellules, la mortalité, depuis 1835, n'a été en moyenne que de 1 pour 100. Parmi les 35 détenus à long terme qui subissent à Eberbach l'emprisonnement solitaire, il n'a été constaté aucun cas d'aliénation. Les statistiques américaines et celles de la prison de Glascow déposent d'une manière bien opposée aux mêmes assertions. Le cadre de notre sujet ne nous permet pas d'en développer ici la preuve. Qu'il nous suffise d'ajouter une seule observation. Si excusables que soient les préceptes de la philanthropie, il faut craindre cependant de les exagérer. Ne voyons pas dans la prison l'asile des malheureux, mais le lieu d'une sévère et juste expiation. Ne contestons pas à la société le droit de rompre les habitudes du criminel, car nous irions jusqu'à lui contester le droit de le priver de sa liberté. Accordons à la situation du condamné les soulagements nécessaires, mais que ces soulagements ne dégénèrent pas en des améliorations blessantes à l'humanité même qui en serait le prétexte.

(1) M. Béranger.

## STATISTIQUE CRIMINELLE POUR 1839 (1).

---

Dans toutes les provinces de la monarchie, en exceptant la Prusse Rhénane et la province de la Nouvelle-Poméranie, 256,186 poursuites criminelles ont été intentées, c'est-à-dire 835 de moins qu'en 1838, et en comprenant la Nouvelle-Poméranie, il reste encore une diminution de 24 dans le nombre des poursuites.

Parmi ces 256,186 poursuites, 201,868 ont été faites pour délits et contraventions de forêts ou de chasse. Pour les autres crimes ou délits, le nombre des poursuites a été de 54,318; ce chiffre présente une diminution de 1,473 sur celui de l'année précédente. Sur 100 poursuites, 79 ont été exercées pour vols de bois et contraventions foncières, 12 pour vols d'autre nature, et 9 pour crimes et délits.

En comprenant toutes les poursuites, leur rapport avec la population est de 1 sur 45 en 1839; il était de 1 sur 44 en 1838; et, en omettant les délits forestiers, il n'est que de 1 sur 210 habitants, tandis qu'il était de 1 sur 205 en 1838.

Les crimes et délits se répartissent ainsi entre les départements. (Voir le tableau annexé au rapport, page 28). Ce tableau fait voir qu'il n'y a pas eu augmentation de poursuites dans les départements d'Insterbourg, Bromberg, Kœnisberg, Ratibor, Marienwerder, Posen, Paderborn, Breslau et Glogau; il démontre, en outre, que les poursuites ont été plus rares dans les provinces catholiques qui sont aussi les provinces d'agriculture.

Les crimes devenus moins fréquents sont: 1° les crimes de meurtre et d'assassinat; 2° d'infanticide; 3° de forfaiture; 4° de brigandage; 5° d'incendie; 6° de vol.

1° 163 poursuites ont été exercées pour meurtres ou assassinats, 36 de moins qu'en 1838; terme moyen, 1 sur 82,347 habitants. Les départements qui en ont fourni un plus grand nombre sont ceux de Paderborn, Hamm et Marienwerder, pour lesquels la proportion est respectivement de 1 sur 41,254, 1 sur 41,259 et 1 sur 46,425 habitants.

2° Infanticides: il y avait eu 51 cas en 1838; en 1839, 38 seulement, diminution 13; terme moyen, 1 sur 300,594 habitants. Les départements de Posen et Arnsberg en ont fourni le plus grand nombre; les départements où il s'en est le moins rencontré sont ceux de Ratibor, Marienwerder et Kammer-Gericht; aucun crime de cette nature ne s'est produit dans les départements de Stettin, Hamm et Koslin.

3° Forfaiture, soustractions commises par des fonctionnaires, torts et sévices envers les administrés: 455 poursuites, 106 de moins qu'en 1838; un cas seulement sur 25,105 habitants.

4° Brigandage, vol sur les chemins publics: ces crimes n'ont motivé que 193 poursuites, 71 de moins qu'en 1838; un cas sur 59,184 habitants.

(1) Il n'a pas été dressé de statistique pour 1840, et celle de 1841 n'est pas encore achevée.

5º Les incendiaires ont provoqué 402 poursuites, savoir : 249 pour incendies prémédités et 153 pour incendies par négligence. — Différence en moins sur 1838, 56 cas, savoir : 25 cas avec préméditation et 31 par négligence.

6º Pour vols, en exceptant les délits forestiers, il y eut en 1838 31,423 poursuites; en 1839 le chiffre est réduit à 30,065. Il se répartit ainsi : 1º vols commis avec violence, 3,500; environ 1 3/8 pour cent de toutes les poursuites de même nature, 112 de moins qu'en 1838; 2º petits vols ordinaires, 16,322 ; 6 3/8 pour cent des poursuites de même nature, 1,195 de moins qu'en 1838; 3° braconnage, 348 cas, 89 de moins qu'en 1838.

Les crimes qui se sont multipliés sont les suivants :

Rébellion contre l'autorité, 1,564 poursuites, 111 cas de plus qu'en 1836 ; outrages envers les fonctionnaires publics, 4,156, augmentation sur les crimes de cette nature en 1838, 349; 1 cas sur 2,748 habitants.

Fabrication ou émission de fausse monnaie, 44 cas de plus qu'en 1838 : 82 poursuites seulement avaient été exercées pendant cette année.

Les crimes de parjure, corruption de témoins, faux témoignage, ont motivé 385 poursuites, 8 de plus qu'en 1838; 1 cas sur 29,669 habitants.

Les faux en écriture authentique, contrefaçon de sceaux, timbre, poinçons, etc., ont provoqué 1,020 poursuites, 251 de plus qu'en 1838 : terme moyen, sur 11,198 habitants.

Les poursuites pour injures ou blessures se sont élevées au chiffre de 3,087, 108 de plus qu'en 1838, ce qui donne un cas sur 3,688 habitants.

Les poursuites pour fraude de droits de péage et de contributions se sont accrues de 149 cas; le chiffre, qui était de 2,997 en 1838, est de 3,146 en 1839 ; terme moyen, une action sur 3,631 habitants.

La proportion des poursuites portées devant les juridictions privées, à celles portées devant les tribunaux de l'état, est de 21 8/10e à 100.

Voilà quelle a été en 1839 la division des poursuites entre les deux juridictions :

|  | Juridiction privée. | Tribunaux royaux. |
|---|---|---|
| Poursuites criminelles................. | 6,202 | 37,249 |
| —    intentées par la police........ | 3,338 | 13,729 |
| —    par le fisc..................... | 2,668 | 22,084 |
| —    pour vol de bois.............. | 28,389 | 145,761 |
| —    pour délits de chasse ou autres contraventions forestières................. | 12,251 | 23,606 |
|  | 52,848 | 242,439 |

Ainsi, sur 100 actions judiciaires, 17 - 90 appartiennent aux tribunaux particuliers et 82 - 10 aux tribunaux royaux.

Dans la province Rhénane, il n'a pas été intenté moins de 108,812 poursuites: sur 100 poursuites, 74 ont été provoquées par des délits forestiers, 3 par des vols d'autre nature, et 23 par crimes de différente nature.

Ces 108,812 poursuites donnent, terme moyen, 1 cas sur 20 habitants, en comprenant les pour-

3

suites pour vols de bois, et en les exceptant, 1 cas sur 79 habitants, ainsi que le démontre le tableau suivant :

|  |  |  | En comprenant les vols de bois. | En exceptant |
|---|---|---|---|---|
| Au tribunal d'Aix, | 1 cas sur | 43 habitants. | | sur 87 hab. |
| — | Clèves | — | 61 | — 125 |
| — | Coblentz | — | 10 | — 72 |
| — | Cologne | — | 34 | — 80 |
| — | Dusseldorf | — | 69 | — 100 |
| — | Elberfeld | — | 70 | — 74 |
| — | Sarrebruck | — | 9 | — 47 |
| — | Trèves | — | 10 | — 70 |

En 1838, sur 100 actions judiciaires, 76 étaient intentées pour délits forestiers, 3 pour autres vols, et 21 pour crimes de différentes natures.

Les crimes et délits se répartissent ainsi :

Résistance violente à l'autorité : 369 poursuites ; 30 de moins qu'en 1838, ce qui donne un cas, terme moyen, sur 5,875 habitants.

Offense à des fonctionnaires publics dans l'exercice de leurs fonctions : 770 poursuites, moins qu'en 1838, un cas sur 2,815 habitants.

Fabrication ou émission de fausse monnaie : 15 poursuites, seulement un cas sur 144,522 habitants.

Délits commis par des fonctionnaires : 95 poursuites de plus qu'en 1838, un cas sur 2,289 habitants.

Meurtres, assassinats : 24 poursuites, une de moins qu'en 1838, un cas sur 90,327 habitants.

Infanticides : un cas sur 197,076 habitants, 5 cas de plus qu'en 1838.

Attentats à la pudeur : 69 actions, 12 de plus qu'en 1838, un cas sur 31,418 habitants.

Vols : 2,848 poursuites, 319 de moins qu'en 1838 ; ce chiffre se subdivise en 285 vols qualifiés, un cas sur 7,606 habitants, et 2,563 vols correctionnels, un cas sur 845 habitants.

Parjure, faux témoignage et corruption de témoins : 30 poursuites, un cas sur 72,261 habitants, 11 de moins qu'en 1838 ; terme moyen, un cas sur 72,261 habitants.

Faux en écritures : 53 poursuites comme en 1838, un cas sur 40,903 habitants.

Crimes d'incendie : 41 poursuites, 4 de moins qu'en 1838 ; sur les 41 cas, 13 avaient été commis avec préméditation et 28 par négligence.

Les poursuites intentées pour vols de bois, contraventions et délits forestiers ont présenté 80,510 cas, 926 de moins qu'en 1838.

Elles se répartissent ainsi :

| Vols de bois, | 45,072 cas, | terme moyen, | un sur | 48 habitants ; |
|---|---|---|---|---|
| Délits forestiers, | 13,821 — | — | un sur | 157 id.; |
| Délits de chasse, | 639 — | — | un sur | 3,392 id.; |
| Délits ruraux, | 20,673 — | — | un sur | 103 id. (a) (b). |

Dans la province Rhénane, il y a une poursuite criminelle sur 4,045 habitants, une poursuite correctionnelle sur 192 habitants, et devant les justices de paix et les tribunaux de simple police, une sur 19.

Les statistiques de 1839 démontrent que le nombre des peines criminelles a sensiblement diminué ; en 1836, la proportion était de 1 sur 1,788 habitants, elle est réduite à un sur 1,978.

Sur 85,594 personnes traduites tant devant les cours criminelles que devant les tribunaux de police et les cours fiscales pendant l'année 1839, 67,477 appartenaient au sexe masculin, et 18,117 au sexe féminin, ce qui donne sur 1838 une augmentation de 2,215 personnes pour la première catégorie et une augmentation de 51 pour la seconde.

Les 85,594 accusés de l'année 1839 se répartissent, quant à l'âge, ainsi qu'il suit :

2,030 personnes au-dessous de 14 ans, 170 de moins qu'en 1838 ;
20,872 personnes de 14 à 24 ans, 717 de moins qu'en 1838 ;
54,834 personnes de 25 à 50 ans, 4,297 de plus qu'en 1838 ;
7.858 personnes au-dessous de 50 ans, 1144 de moins qu'en 1838 ;
Quant à la religion, 61,616 accusés appartenaient à la religion protestante ; 1,403 de plus qu'en 1818 ;
22,177 appartenaient à la religion catholique, 888 de plus qu'en 1838 ;
1,901 accusés professaient la religion juive ; 25 de moins qu'en 1838.

D'après les jugements prononcés, 58,832 accusés ont été condamnés ; c'est 849 de plus qu'en 1838.
12,763 ont été acquittés provisoirement; 197 de plus qu'en 1838.
13,999 ont été acquittés définitivement ; 1,222 de plus qu'en 1838. Dans ce nombre de 13,999 sont compris les accusés en faveur desquels la plainte en dénonciation a été retirée, les accusés morts pendant l'instruction, etc.

Le chiffre de la population du royaume est à celui des accusés en général, comme 1,000 est à 7-49.

Le nombre des habitants du sexe masculin est au nombre des accusés du même sexe comme 1,000 est à 11-95.

Le nombre des habitants du sexe féminin est au nombre des accusés du même sexe comme 1,000 est à 3-13.

Le nombre des enfants au-dessous de 14 ans est au nombre des accusés de cette catégorie comme 10,000 est à 5-05, ou comme 1,000 est à 0,505.

Le nombre des habitants au-dessus de 14 ans est au nombre des accusés de cette catégorie comme 1,000 est à 11-28.

Le nombre des habitants de la religion protestante se rapporte à celui des accusés de cette religion comme 1,000 à 7-88.

Le nombre des habitants catholiques se rapporte à celui des accusés de la même religion comme 1,000 à 6-41.

Le nombre des habitants de la religion juive est à celui des accusés juifs comme 1,000 est à 11-92.

Le total des habitants est au total des condamnés comme 1,000 est à 5-15, au total des acquittés provisoirement comme 1,000 est à 1-12, et au total des acquittés définitivement comme 1,000 est à 1-22.

Les différents résultats se comparent avec ceux obtenus depuis quatre années par le tableau suivant :

Accusés en :

| 1839, | 1838, | 1837, | 1836, | |
|---|---|---|---|---|
| | Terme moyen, un sur | | | |
| 133 | 137 | 147 | 145 | habitants des deux sexes, |
| 84 | 87 | 92 | 92 | — sexe masculin, |
| 319 | 319 | 348 | 329 | — sexe féminin, |
| 1,978 | 1,826 | 1,940 | 1,788 | — au-dessous de 14 ans, |
| 89 | 91 | 93 | 96 | — au-dessus de 14 ans. |
| 127 | 130 | 139 | 138 | — de la religion protestante, |
| 156 | 163 | 175 | 168 | — de la religion catholique, |
| 84 | 83 | 80 | 83 | — de la religion juive. |

Les chiffres, on le voit, sont demeurés à peu près les mêmes ; on remarque surtout que le chiffre des jeunes accusés, loin de s'élever comme en France et en Angleterre, présente une diminution sur 1838.

Sur 131,419 accusés tant condamnés qu'acquittés,
    17,793 avaient déjà subi une condamnation,
    7,567 avaient été condamnés deux fois,
    3,069 avaient été condamnés trois fois ou un plus grand nombre.

Ainsi, sur 100 accusés, 14 appartenaient à la première catégorie, 6 à la seconde, 2 à la troisième ; 78 étaient traduits en justice pour la première fois.

La différence entre la législation et l'organisation judiciaire de la province Rhénane et des autres provinces prussiennes empêche, dit M. le ministre de la justice Muller, dans son rapport, qu'on puisse comparer entre elles les statistiques criminelles de toute la Prusse ; mais les proportions peuvent être établies entre la France et la province Rhénane.

En France il y a eu, dit-il, 8014 accusés en 1838 dans les cours d'assises, c'est-à-dire un accusé sur 4,185 habitants. C'est à peu près le même chiffre pour la province Rhénane, puisqu'en 1838 la proportion a été, pour les mêmes poursuites, de 1 sur 4,045 habitants ; quant aux poursuites correctionnelles, elles se sont élevées en France à 92,254, ce qui fait un prévenu sur 174 habitants ; dans la province Rhénane, il n'y a eu qu'un prévenu sur 192 habitants ; et dans les anciennes provinces, les poursuites, tant criminelles que fiscales et de police, ont été moins nombreuses encore, puisque la proportion a été de 1 à 264 et 669.

Dans les états autrichiens, sur une population de 20,777,298 habitants, pendant cette même année, il a été commis un crime ou délit sur 872 habitants, et un délit de police grave sur 133. Dans le grand-duché de Bade, sur une population de 1,244,171 habitants, 2,365 personnes ont été traduites devant les tribunaux pour crimes et délits, ce qui donne une poursuite par 526 habitants, et 5,603 personnes ont été traduites devant les tribunaux de simple police, c'est-à-dire 1 sur 222 habitants. Ces rapprochements démontrent, dit M. le Ministre Muller, que, sous le rapport moral, la situation de la Prusse n'est pas inférieure à celle des autres pays, puisque les augmentations de poursuites ont été presque exclusivement provoquées par des délits forestiers, et que le chiffre des autres crimes et délits, s'il ne s'est pas toujours affaibli, est du moins demeuré stationnaire.

## MAISONS D'ÉDUCATION, MAISONS DE PAUVRES, SOCIÉTÉS DE PATRONAGE.

———————

Jusqu'ici, dans l'étude des prisons de la Prusse, nous n'avons rien rencontré qui ne fût pratiqué en France, et l'examen de leur organisation et de leur règlement démontre assez que nos maisons centrales n'ont guère à leur envier. Mais si pour les établissements disciplinaires, et surtout pour les maisons d'arrêt, des abus subsistent, dont la réforme est nécessaire, il faut rendre justice aux établissements de secours et d'asile, ouverts aux malheureux par la piété publique, et dont quelques-uns n'ont pas d'équivalent en France. Parmi ces établissements, les uns ont été créés dans le but de corriger les vicieux penchants d'enfants dont l'éducation était nulle ou mauvaise, et de prévenir ainsi pour eux le crime et son châtiment; les autres s'ouvrent aux pauvres, aux infirmes, aux petits condamnés; enfin les sociétés de patronage se dévouent à soutenir et à protéger les libérés, et leur tâche est rendue moins difficile que celle des sociétés françaises, par le motif que la peine n'a pas en Prusse un caractère infâmant, et que le préjugé ne combat pas leurs efforts.

### MAISONS D'ÉDUCATION.

La première maison pour les jeunes malfaiteurs a été établie à Owerdick en 1819, par le comte de Reck; une autre fut construite en 1820 par M. Hoyer à Achersleben, et transportée plus tard à Quelimbourg. Leur nombre s'accrut bientôt, et, le 19 juin 1825, par un ordre du cabinet, le roi prescrivit leur organisation. Aujourd'hui, non seulement les départements, mais toutes les villes de quelque importance en sont pourvues, et l'expérience démontre chaque jour d'une manière plus évidente leur utilité. Nous avons visité plusieurs de ces maisons, elles diffèrent peu les unes des autres; il suffira donc de rendre compte du régime et de la situation d'une des plus importantes, celle de Berlin. Au 20 juin 1842, cette maison contenait, dans deux bâtiments séparés, 66 garçons et 33 filles. Quelques-uns de ces enfants sont renfermés sur la recommandation paternelle, le plus grand nombre par l'ordre de l'autorité. Les uns et les autres reçoivent une instruction élémentaire, et sont employés à des travaux manuels; l'emploi du temps est réglé de la manière suivante:

POUR LES GARÇONS.

| JOURS. | De 5 h. à 5 h. 1/2. | De 5 h. 1/2 à 7 h. 1/2. | De 7 h. 1/2 à 8 h. | De 8 h. à 12 h. | De 12 h. à 1 h. | De 1 h. à 4 h. | De 4 h. à 5 h. | De 5 h. à 7 h. | De 7 h. à 8 h. | De 8 h. à 9 h. |
|---|---|---|---|---|---|---|---|---|---|---|
| Dimanche. | S'habiller, se laver; prière du matin. | 1re heure, répéter les maximes et l'instruction religieuse de la semaine, chants; 2e heure, nouvelle instruction. | Déjeuner. | Mettre les habits du dimanche et assister au service divin. | Dîner. | Promenade ou récréation dans la cour ou le jardin. | Goûter. | Chants, prières, lecture de la Bible, instruction sur le Catéchisme ou l'Évangile. | Souper et récréation. | Récréation et prière du soir. |
| Lundi. | Id. | 1re heure, lire; 2e heure, écrire. | Id. | Travail manuel. | Id. | Travail manuel. | Se laver et goûter. | 1re heure, grammaire; 2e heure, instruction religieuse. | Id. | Id. |
| Mardi. | Id. | 1re heure, compter; 2e heure, écrire. | Id. | Id. | Id. | Id. | Id. | 1re heure, sciences naturelles; 2e heure, lire. | Id. | Id. |
| Mercredi. | Id. | 1re heure, lire; 2e heure, dessiner. | Id. | Id. | Id. | Id. | Id. | 1re heure, compter de tête; 2e heure, chants. | Id. | Id. |
| Jeudi. | Id. | 1re heure, sciences naturelles; 2e heure, écrire. | Id. | Id. | Id. | Id. | Id. | 1re heure, instruction religieuse; 2e heure, lire. | Id. | Id. |
| Vendredi. | Id. | 1re heure, compter; 2e heure, dessin et dessin linéaire. | Id. | Id. | Id. | Id. | Id. | 1re heure, orthographe; 2e heure, explication de la Bible. | Id. | Id. |
| Samedi. | Id. | 1re heure, grammaire; 2e heure, sciences naturelles. | Id. | Id. | Id. | Id. | Id. | 1re heure, calcul; 2e heure, instruction religieuse. | Id. | Id. |

POUR LES FILLES.

| HEURES. | DIMANCHE. | LUNDI. | MARDI. | MERCREDI. | JEUDI. | VENDREDI. | SAMEDI. |
|---|---|---|---|---|---|---|---|
| (1) De 6 h. à 7 | Se lever, prière du matin, faire son lit, se laver; déjeuner. | Comme le dimanche. | Id. | Id. | Id. | Id. | Id. |
| De 7 h. à 8 | Remettre le linge, nettoyage de la maison. | Nettoyer la maison et les habits du dimanche. | Nettoyer la maison. | Nettoyer la maison et les vêtements de la semaine. | Nettoyer la maison. | Nettoyer la maison. | Nettoyer la maison et les vêtements de la semaine. |
| De 8 h. à 12 | Mettre les vêtements du dimanche, exercices religieux. | Travail manuel. | Travail manuel; les plus grandes élèves lavent. | Travail manuel. | Id. | Id. | Id. |
| De 12 h. à 1 | Dîner et repos. | Comme pour le dimanche. | Id. | Id. | Id. | Id. | Id. |
| De 1 h. à 2 | Repos. | Travail manuel. | Comme le lundi. | Id. | Id. | Id. | Id. |
| De 2 h. à 5 | Composition. | De 2 h. à 3, instruction religieuse; De 3 h. à 4, écrire De 4 h. à 5 compter de tête. | Religion, lire, calcul sur le tableau. | Chants, orthographe, histoire naturelle. | Religion, écriture, calcul de tête. | Religion, lecture, calcul sur le tableau. | Géographie et histoire, langue, chants des ... |
| De 5 h. à 7 | Goûter; de 6 à 8 instruction sur l'Évangile. | Goûter, travail manuel. | Comme le lundi. | Id. | Id. | Id. | Id. |
| De 7 h. à 9 | Souper, lecture récréative, prière et coucher. | Souper et récréation, exercices sur l'Évangile, et exercices généraux, prière et coucher. | Comme le lundi. | Id. | Id. | Id. | Id. |

(1) En été les élèves se lèvent à 5 heures et la division des heures est quelque peu différente.

Ces règlements sont exactement observés. L'instruction est parfaite : parmi ces enfants, il en est peu qui ne sachent lire, écrire et compter. Des questions sont faites sur les dernières leçons, et le plus grand nombre sollicite, en levant la main, d'être choisi à donner la réponse. Tous les exercices commencent et se terminent par la prière ; des exhortations religieuses et l'explication du catéchisme et de la Bible leur sont données chaque jour ; 31 élèves évangélistes et 4 catholiques ont été admis après épreuve à la première communion.

Sur ces 80 enfants, 35 sont dans un tel état d'amélioration qu'ils pourront bientôt sortir et prendre un métier ; des 45 autres, la plupart donnent l'espérance fondée qu'ils se réformeront et deviendront des hommes utiles.

La sollicitude du directeur, M. Kopf, est attentive à les relever sans cesse à leurs propres yeux, et jamais ils ne sont désignés que sous le nom d'élèves (zöglinge).

Depuis 1825, date de l'établissement de la maison, 452 garçons y ont été reçus ; 6 sont morts, 376 ont pris différents états et se conduisent bien pour la plupart ; 19 ont été rendus à leur famille et aux magistrats qui avaient ordonné leur emprisonnement.

Des renseignements plus exactement recueillis sur les enfants rendus à la liberté pendant les deux dernières années, il résulte que 18 mènent une conduite parfaite et ne laissent rien à désirer ; 24 vivent très bien, 22 bien, 5 sont passables, 10 douteux et 3 mauvais ; ces derniers, sur lesquels l'éducation n'a produit aucun effet, étaient déjà réputés incorrigibles.

Le travail manuel s'accroît chaque année dans l'établissement. Le produit de l'année 1841 s'est élevé à 1,325 thalers ainsi répartis :

Fabrication de vis . . . . . . . . . . . . . . . . . . . . . . . . . . . . . . . . . . . . . . . . . . . . . . . 771 th. 21 sg.

Autres travaux manuels . . . . . . . . . . . . . . . . . . . . . . . . . . . . . . . . . . . . . . . . 92 »

8 livres et demie de soie provenant de la culture du mûrier et de l'éducation des vers. . . . . . . . . . . . . . . . . . . . . . . . . . . . . . . . . . . . . . . . . . . . . . . . . . . . 51 22

Travail de culture au jardin dont les produits sont consommés dans la maison. . . . . . . . . . . . . . . . . . . . . . . . . . . . . . . . . . . . . . . . . . . . . . . . . . . . . 94 »

Effets d'habillements et ouvrages en bois. . . . . . . . . . . . . . . . . . . . . . . . . . 228 »

Cette somme répartie entre les élèves donne 17 à 18 thalers pour chacun, et réduit ainsi la dépense d'entretien, qui est évaluée 50 à 60 thalers par an. L'excédant est fourni par des souscriptions volontaires considérables et par des dons et legs qui se sont élevés l'année dernière à la somme de 230 thalers.

Outre le travail de la maison et le raccommodage du linge et des habillements, les filles sont occupées pour la maison des garçons et pour les étrangers. Elles ont fabriqué en 1841 594 chemises, 380 paires de bas, etc.; il en est résulté un produit de 89 thalers. La situation morale de la maison des filles n'est pas moins satisfaisante que celle des garçons. Depuis l'institution de l'établissement, 132 élèves ont été reçues, 100 sont sorties ; la plupart, d'après les renseignements recueillis, se conduisent bien. Une seule, sortie à Pâques en 1839, peu de temps après son entrée en service, est entièrement retombée dans le vice. Depuis elle est morte à la Charité. La maison d'éducation est dirigée par une société qui se charge de placer les enfants à leur sortie et les met en apprentissage ; elle est partie dans le contrat passé avec le maître qui ne peut le résilier sans faire agréer ses motifs. Les enfants sont visités toutes les semaines par un membre de la société qui les exhorte au bien, leur donne des secours ou les punit au besoin, et fournit des notes sur leur conduite.

La plupart des maisons d'éducation sont bien organisées, et il n'est pas douteux qu'elles n'aient contribué à diminuer, ou à maintenir sans accroissement le chiffre des jeunes condamnés.

### DES MAISONS DE REFUGE.

Ces maisons, généralement connues sous le nom de Maisons de Pauvres (Armeen-Haüse), sont tout à la fois des asiles pour les malheureux, des colonies agricoles, des hospices et des lieux de détention pour les petits condamnés. Elles ont avec la prison ce caractère commun, qu'elles ne s'ouvrent que sur l'ordre de l'autorité qui fixe la durée du séjour, et que le régime intérieur pour les criminels est emprunté au régime des autres prisons. Leur but est d'absorber la population mendiante et vagabonde, et de suppléer, pour les libérés sans ressources, les filles publiques en état d'arrestation, et les individus suspects, à la surveillance sous la haute police qui n'existe pas en Prusse. L'entretien de ces maisons est à la charge des régences; toutefois la juridiction privée paie pour les individus qu'elle y envoie.

Les plus importantes que nous ayons visitées sont celles de Landsberg, dans le cercle de régence de Francfort-sur-l'Oder, et celle de Brauweiler près de Cologne. Voici les principaux faits que nous y avons recueillis.

A Landsberg, la population était de 163 individus, dont 115 travailleurs forcés (hommes), et 25 travailleurs forcés (femmes); 14 incapables de travail (hommes), et 9 incapables de travail (femmes).

Il n'y avait aucun prisonnier proprement dit; 30 à 40 détenus étaient occupés aux travaux des champs; les autres étaient employés dans l'intérieur de la maison, à tisser ou à filer la laine, et à d'autres métiers tels que ceux de tailleur, menuisier, fendeur de bois, etc. Le produit de ces différents travaux s'est élevé, en 1841, à 5,583 thalers.

Les infirmes sont placés dans un bâtiment séparé : ils y reçoivent des vivres et des secours. L'organisation intérieure est bonne; la maison est richement dotée, et ses revenus s'élèvent à plus de 60,000 thalers.

La dépense moyenne par individu est de 70 à 80 thalers; chacun des 140 travailleurs reçoit par jour 1/12 de metzel (1) d'orge mondé ou de froment, 8 onces de farine de seigle, 3/4 onces de lard, 2 onces de sel, et 1 livre 1/2 de pain bis (2).

Les 23 non valides reçoivent 1/18 metzel d'orge mondé ou de froment, 8 onces de farine de seigle, 1/2 once de lard, 2 onces de sel, 1 livre 1/2 de pain bis, et 1/2 pinte de bière mélangée. Le vin et la viande ne sont habituellement accordés qu'aux malades. La portion de viande est de 6 à 8 onces.

Dans la maison de Brauweiler sont renfermés 772 individus classés de la manière suivante :

594 hommes, dont 492 travailleurs ordinaires;
100 et quelques enfants au-dessous de 16 ans;
68 malades ou infirmes;
4 détenus étroitement renfermés;
178 femmes, dont 120 occupées;
49 incapables de travail, infirmes ou malades;
3 détenus extraordinaires.

La plupart des détenus ont été condamnés pour vagabondage et mendicité (un an pour la première contravention, et deux ans en cas de récidive).

(1) Le metzel, est le 16e du scheffel lequel vaut 54 litres 9,430.
(2) La livre de Prusse est égal à 0 kilog. 4,677.

Les jeunes condamnés reçoivent l'enseignement scolaire. Le plus grand nombre sait lire et écrire ; l'instruction religieuse est très développée. Le directeur a introduit dans les exercices la discipline militaire.

Le travail se fait dans les champs et dans les ateliers ; il est actif et bien dirigé. Le produit, en 1841, a été de 8,000 thalers. La part de chaque détenu, en comprenant les infirmes, a été de 3 silg. 2 p. f. par jour. La dépense annuelle s'est élevée à 51,000 thalers. Le régime de la maison et la nourriture sont à peu près les mêmes qu'à Landsberg. Le dimanche les détenus reçoivent de la viande.

Il existe à Brauweiler 10 cellules de punition ; elles suffisent. Les punitions sont rares, et l'état moral du plus grand nombre des détenus est satisfaisant, et la plupart, au sortir de la prison, mènent une existence honnête. Les statistiques recueillies depuis 12 ans démontrent que sur 650 libérés, 50 à peine se sont tout-à-fait mal conduits ou se sont dérobés à la surveillance ; ainsi les récidives n'ont pas dépassé la proportion de 14 à 100. On peut reprocher cependant à l'établissement de Brauweiler de trop confondre entre eux les différentes espèces de détenus, qui, même dans l'église, ne sont pas séparés des habitants de la ville, et aussi l'insuffisance des surveillants qui, pour une population aussi considérable, n'excèdent pas 20.

## SOCIÉTÉS DE PATRONAGE.

Les sociétés de patronage sont nombreuses en Prusse et animées d'un grand zèle. Quelques-unes pénètrent dans les prisons et unissent leur action à celle de l'aumônier, en préparant les détenus à un bon usage de la liberté ; d'autres attendent le libéré à la porte de la prison, et lui offrent à la fois un appui moral et des moyens d'existence.

Chaque province possède plusieurs sociétés ; les plus étendues sont celles dont le siége est à Berlin, et la grande société Westphalienne établie à Dusseldorf.

La plus considérable des sociétés de Berlin, depuis le 1er janvier 1840 jusqu'au 30 avril 1842, a recueilli 946 individus, dont 863 hommes et 83 femmes ; sur ce nombre 234 ont été placés dans la maison de refuge que la société a établie ; 496 ont été logés dans des chambres louées par la société ; 210 vivent dans leur demeure où la société les secourt ; 30 ont quitté Berlin, et 67 s'étant rendus indignes des soins que la société leur donnait, en ont été abandonnés. Outre l'établissement central, 13 stations auxquelles sont préposés d'honnêtes ménages sont distribuées dans la ville et donnent aux libérés, durant les premiers jours de la sortie, les aliments les plus nécessaires, et un abri.

Lorsqu'un libéré s'adresse à la société et réclame sa protection, il est inscrit sur un registre (1) où sont aussi transcrites toutes les notes qui le concernent, et il lui est délivré une carte particulière qui atteste cette inscription. Un patron lui est donné, dont le devoir est de lui procurer les moyens de gagner honnêtement sa vie, et d'éveiller ou de fortifier en lui des sentiments chrétiens. Les libérés doivent se réunir au moins le dimanche pour assister aux exercices religieux, entendre la lecture de la Bible et de saintes exhortations. Sous la présidence d'un véritable homme de bien, le pasteur Bultmann, trois conférences ont lieu par mois ; les patrons rendent compte des libérés qui leur sont confiés, et des secours sont donnés à ceux qui font preuve d'une meilleure conduite. L'influence morale de la société a produit les plus heureux résultats, et pendant la période dont nous

(1) On inscrit les nom et prénom du libéré, son âge, le lieu de sa naissance, les nom, état et domicile des parents ou du tuteur, l'école qu'il a fréquentée et combien de temps, quelles connaissances il a acquises, sa religion et par qui il a été confirmé, le jour de l'emprisonnement et celui de la libération, la cause de l'arrestation, la peine qu'il a subie ; combien de fois il a été arrêté, la maison où il a été libéré, enfin un jugement sur sa moralité et sur ses relations de famille.

4

parlons sur le nombre des libérés qu'elle a conservés sous son patronage, il en est à peine 100 qui soient retombés en récidive.

Le concours que l'administration apporte à la société fortifie son action et intimide les libérés. Lorsqu'un d'eux quitte les ateliers de la société sans être allé ailleurs trouver du travail, la police en est avertie, et le soumet à une surveillance particulière. S'il tombe en récidive, son dossier est renvoyé au juge, pour qu'il puisse sévir plus sévèrement contre celui qui a payé d'ingratitude les bienfaits de la société.

Les dépenses se sont élevées à 2,170 thalers ; elles ont été couvertes à 59 thalers près par les ressources de l'établissement, ainsi réparties :

Boni des exercices passés.................................... 139 thalers.
Cotisation des membres de la société......................... 844
Dons et legs................................................ 90
Produit des quêtes.......................................... 63
Remboursement des avances faites et produit du travail des 234 libérés occupés dans la maison de refuge à fendre et à scier le bois. 348

La société de Berlin est en relation avec la société de Nauen et celle de Brandebourg, qui prospèrent toutes deux. A leur imitation, et depuis quelque temps, il s'est formé en Silésie une société dont le siége est à Breslau ; deux dans la province de Prusse, à Dantzig et à Marienwerder ; une à Stettin, dans la Poméranie, et une à Murseburg, dans la province de Saxe. Dans son dernier rapport, la société de Berlin énumère les différents projets dont elle a atteint ou dont elle poursuit la réalisation. Les principaux sont : l'établissement 1° des catéchistes particuliers près de chaque prison ; 2° de caisses d'épargne formées avec l'excédant des salaires des détenus ; 3° d'écoles de dimanche pour les libérés. Ces trois améliorations ont été introduites dès les années 1829 et 1830. Elle s'occupe de la formation d'une colonie agricole pour les pauvres et les libérés, d'après le plan si heureusement suivi dans la colonie du cercle d'Oletzko, et propose d'employer les libérés aux travaux et nettoyage des voies publiques.

Ses dernières publications ont eu pour objet d'obtenir, dans chaque maison de correction, l'organisation d'une école de travail pour les jeunes détenus, et le transport des libérés dans l'Australie du sud, pour y fonder des colonies. Parmi les projets abandonnés par la société, nous remarquons l'introduction des hamacs dans les dortoirs des prisons, et l'emploi du *tretenmühle* dont l'usage a démontré les inconvénients.

La société Westphalienne, créée depuis 15 ans, s'étend sur les deux provinces Rhénanes ; elle protége les jeunes libérés comme les adultes, les hommes et les femmes. L'action de la société centrale de Dusseldorf se communique aux congrès locaux (local Verein) de Cologne, Cob'entz, Clèves, Bonn, Aix-la-Chapelle, Elberfeld, Werden, Anesberg, Trèves, Münster, Wesel, Paderborn et Herford. Chaque année la société publie le compte-rendu de ses travaux, et démontre de plus en plus son utilité. A mesure qu'elle s'étend les récidives diminuent. En 1827 et dans les années qui ont suivi, la proportion des récidives dans la province Rhénane était encore de un détenu sur une population de 2,000 à 2,500 ; aujourd'hui la population moyenne des récidives est réduite à un détenu sur 3,249 habitants. En effet, dans le district d'Aix, il y a un détenu sur 1818 habitants.

District de Clèves.............. 1 sur 2,136
—        Cologne............. 1 — 2,968
—        Elberfeld........... 1 — 5,760
—        Coblentz............ 1 — 6,795
—        Dusseldorf.......... 1 — 8,533

Du rapport publié cette année par la société de Dusseldorf, il résulte qu'il existe aujourd'hui dans les provinces Rhénanes 24 sociétés de patronage qui, chaque jour, ont pris pour tâche l'amélioration de plus de 2,000 individus, et se sont efforcées de les ramener au bien en n'accordant de secours qu'au travail, et en provoquant le repentir par des exhortations religieuses.

La situation financière est ainsi présentée dans ce rapport :

Société principale à Dusseldorf, revenu......................... 1,908 thalers.

Dépenses........................ 806

Sociétés principales à Aix-la-Chapelle, revenu...................... 944

Dépenses....................... 380

| Anesberg | Revenus | 106 thalers. | Dépenses | 58 thalers. |
|----------|---------|--------------|----------|-------------|
| Bonn | — | 60 | — | 60 |
| Elberfeld | — | 390 | — | 289 |
| Herford | — | 285 | — | 143 |
| Clèves | — | 520 | — | 277 |
| Coblentz | — | 81 | — | 69 |
| Cologne | — | 1,081 | — | 630 |
| Munster | — | 1,073 | — | 361 |
| Werden | — | 22 | — | 8 |
| Wesel | — | 127 | — | 47 |

Une des succursales les plus importantes de la société a fondé, en 1833, l'asile évangélique pour les femmes libérées de la communion protestante à Kaiserwerth. Cet établissement, parfaitement dirigé par M. de Hymmenn, le pasteur local, et madame Gubel, donne les plus heureux résultats. 63 femmes sont déjà sorties de la maison, 35 mènent une bonne conduite, 11 se sont mariées.

L'entrée de l'asile est volontaire. Les femmes qui refusent de se soumettre à la discipline sont renvoyées. Le séjour dans l'établissement ne peut excéder quinze mois. Les pensionnaires reçoivent une éducation chrétienne. On leur apprend à lire et on les instruit en même temps à être servantes ou à exercer à leur sortie un état analogue.

Le costume est simple, le régime est sobre ; deux fois par semaine seulement il leur est servi de la viande.

Les pensionnaires, une fois sorties, ne peuvent plus être reçues dans l'asile. Celles qui se sont bien comportées sont placées, non pas dans leur pays, mais dans de petites villes ou à la campagne, jamais dans des auberges.

L'établissement passe un contrat pour elles avec leurs maîtres ; on les recommande au pasteur du lieu ; on cherche à conserver sur elles une surveillance ; on les aide, en cas de changement, si leur conduite est demeurée bonne.

La dépense est de 1,054 thalers ; les revenus de 1191 thalers. Un établissement de même nature, mais moins considérable, a été ouvert aux femmes catholiques à Ratingen ; il réussit également. Les dépenses et les ressources sont de 400 thalers à peu près.

Sur le modèle de ces asiles, et à l'instigation de madame Fry, il a été formé à Berlin un établissement connu sous le nom de *Magdalemum*, et qui doit recevoir les femmes libérées. Un comité de patronage, présidé par la princesse de Prusse, surveille et dirige l'établissement, où jusqu'ici 11 femmes seulement ont été admises. Il existe aussi d'autres sociétés de dames charitables qui s'efforcent d'arracher au vice les filles prostituées. Pour mieux exercer leurs bienfaits, ces sociétés agissent silencieusement ; elles évitent la publicité ; il est difficile de les connaître.

La charité publique est fort active en Prusse ; c'est elle qui anime toutes ces sociétés dont l'utile influence se répand chaque jour davantage.

TABLEAU des poursuites judiciaires portées devant toutes les juridictions tant supérieures et de la province de la Nouvelle Poméranie pendant l'année 1839.

| Numéros. | AU DÉPARTEMENT | NOMBRE des habitants des différentes cours de justice. | Haute trahison. | Trahison envers la patrie. | Crimes de Lèse-Majesté. | Émeute et sédition. | Résistance violente contre les autorités constituées. | Offenses envers des fonctionnaires dans l'exercice de leurs fonctions, non compris au n° 5. | Fabrication ou émission de fausse monnaie. | DÉLITS DES EMPLOYÉS dans l'exercice de leurs fonctions. Déficit et soustractions. | Injures commises dans les fonctions. | Autres crimes. | Somme totale. | Duels. | Meurtre et assassinat. |
|---|---|---|---|---|---|---|---|---|---|---|---|---|---|---|---|
| | | | 1 | 2 | 3 | 4 | 5 | 6 | 7 | 8 | | | | 9 | 10 |
| 1 | du Kammergericht | 969,192 | 4 | » | 5 | 1 | 212 | 684 | 6 | 11 | 7 | 21 | 39 | 3 | 18 |
| 2 | Oberlandsgericht à Breslau. | 1,192,602 | » | » | 3 | 4 | 96 | 463 | 1 | 20 | 11 | 11 | 42 | » | 7 |
| 3 | — Naumbourg.... | 774,589 | » | » | 2 | 1 | 109 | 446 | 31 | 16 | 1 | 19 | 36 | 1 | 8 |
| 4 | — Marienwerder.. | 835,635 | » | » | 5 | 1 | 177 | 215 | 6 | 9 | » | 12 | 21 | » | 18 |
| 5 | — Kœnigsberg ... | 743,841 | » | » | 2 | 3 | 61 | 233 | 5 | 10 | 1 | 6 | 17 | » | 8 |
| 6 | — Francfort....... | 749,579 | » | » | 7 | » | 119 | 313 | 4 | 9 | 5 | 6 | 20 | » | 11 |
| 7 | — Stettin........ | 430,649 | » | » | 2 | » | 37 | 134 | 4 | 2 | » | 3 | 5 | » | 8 |
| 8 | — Ratibor ....... | 760,854 | » | » | 1 | 18 | 123 | 209 | 3 | 9 | 5 | 11 | 25 | » | 13 |
| 9 | — Magdebourg ... | 430,474 | » | » | 2 | » | 44 | 178 | 8 | 5 | 16 | 5 | 26 | » | 5 |
| 10 | — Munster....... | 402,144 | » | » | 4 | » | 4 | 35 | 2 | 4 | 2 | 3 | 9 | » | 3 |
| 11 | — Glogau........ | 667,736 | » | » | » | » | 55 | 143 | 10 | 15 | 9 | 16 | 40 | » | 5 |
| 12 | — Paderborn..... | 412,541 | » | » | 1 | 2 | 91 | 137 | 12 | 9 | » | 13 | 22 | » | 10 |
| 13 | — Posen......... | 779,595 | » | 1 | 9 | 1 | 150 | 506 | 3 | 11 | 2 | 17 | 30 | » | 14 |
| 14 | — Halberstatt .... | 293,443 | » | » | » | » | 44 | 143 | 1 | 9 | 3 | 17 | 29 | » | 5 |
| 15 | — Arnsberg...... | 219,344 | » | » | » | » | 28 | 62 | 7 | 5 | » | 11 | 16 | » | 2 |
| 16 | — Insterbourg.... | 347,522 | » | » | » | 3 | 75 | 144 | 4 | 8 | 5 | 16 | 29 | » | 9 |
| 17 | — Hamm ........ | 412,597 | » | » | 5 | 2 | 33 | 144 | 18 | 10 | » | 1 | 11 | » | 10 |
| 18 | — Coeslin........ | 360,634 | » | » | 1 | » | 33 | 100 | » | 8 | 1 | 6 | 15 | » | 3 |
| 19 | — Bromberg..... | 379,015 | » | » | 8 | » | 64 | 96 | 1 | 8 | 5 | 8 | 21 | » | 6 |
| 20 | Régence du comté de Stolberg à Wernigerode.... | 18,809 | » | » | » | » | 7 | 9 | » | » | 1 | 1 | 2 | » | » |
| | TOTAL........ | 11,422,593 | 4 | 1 | 57 | 36 | 1,564 | 4,156 | 126 | 178 | 74 | 203 | 455 | 4 | 163 |
| | Pendant l'année 1838..... | 11,422,639 | » | 2 | 73 | 44 | 1,445 | 3,807 | 82 | 195 | 126 | 240 | 561 | 2 | 199 |
| | Différence en plus pr 1839. | » | 4 | » | » | » | 111 | 349 | 44 | » | » | » | » | 2 | » |
| | Différence en moins...... | » 46 | » | 1 | 16 | 8 | » | » | » | 17 | 52 | 57 | 106 | » | 36 |

qu'ordinaires des états prussiens, à l'exception de la province Rhénane, du duché de Neuchâtel

DES CRIMES.

| Infanticide. | Grossesses et accouchements secrets. | Incestes et attentats aux mœurs. | VOLS EN EXCEPTANT LES VOLS DE BOIS. | | | | | Pillages et vols sur les chemins publics. | Corruption de témoins, faux témoignages et parjures. | Faux en écritures authentiques, contrefaçon des sceaux, poinçons, etc. | Banqueroute. | Usure. | Charlatanerie. | CRIMES D'INCENDIAIRES. | | | Injures réelles et blessures. |
|---|---|---|---|---|---|---|---|---|---|---|---|---|---|---|---|---|---|
| | | | Vols avec effraction ou violence. | Petits vols ordinaires. | Braconnage. | Autres vols. | Somme totale. | | | | | | | Avec préméditation. | par négligence. | Somme totale. | |
| 11 | 12 | 13 | 14 | | | | | 15 | 16 | 17 | 18 | 19 | 20 | 21 | | | 22 |
| 1 | 8 | 52 | 236 | 1,091 | 20 | 1,268 | 2,615 | 14 | 42 | 314 | 6 | 4 | 11 | 28 | 8 | 36 | 397 |
| 2 | 13 | 37 | 316 | 1,461 | 34 | 923 | 2,734 | 13 | 34 | 103 | 11 | 11 | 22 | 30 | 16 | 46 | 208 |
| 4 | 5 | 21 | 199 | 2,360 | 54 | 966 | 3,579 | 11 | 26 | 80 | 5 | 7 | 4 | 4 | 10 | 14 | 236 |
| 1 | 8 | 52 | 207 | 1,122 | 14 | 615 | 1,958 | 21 | 30 | 46 | 5 | 4 | 12 | 20 | 18 | 38 | 215 |
| 4 | 7 | 44 | 253 | 1,556 | 8 | 863 | 2,440 | 7 | 18 | 59 | 1 | 2 | 8 | 17 | 12 | 29 | 123 |
| 2 | 4 | 14 | 239 | 1,381 | 33 | 725 | 2,398 | 8 | 34 | 58 | 8 | 2 | 13 | 25 | 12 | 37 | 142 |
| » | 4 | 10 | 96 | 491 | 4 | 212 | 803 | 3 | 8 | 24 | 5 | 2 | 7 | 7 | 4 | 11 | 115 |
| 1 | 9 | 19 | 633 | 1,177 | 48 | 349 | 2,207 | 24 | 12 | 19 | 1 | 2 | 5 | 15 | 9 | 24 | 441 |
| 1 | 2 | 33 | 108 | 606 | 23 | 573 | 1,310 | 6 | 17 | 59 | 5 | 3 | 7 | 14 | 8 | 22 | 95 |
| 1 | 1 | 7 | 20 | 325 | 5 | 119 | 469 | 4 | 7 | 17 | » | 17 | 3 | 4 | 1 | 5 | 78 |
| 4 | 8 | 23 | 174 | 618 | 26 | 308 | 1,126 | 16 | 29 | 40 | 3 | 4 | 11 | 21 | 8 | 29 | 64 |
| 1 | 6 | 8 | 94 | 575 | 11 | 168 | 848 | 8 | 28 | 39 | » | 8 | 4 | 4 | 8 | 12 | 146 |
| 9 | 9 | 30 | 360 | 933 | 4 | 716 | 2,013 | 19 | 23 | 38 | » | 16 | 17 | 12 | 9 | 21 | 133 |
| 1 | 2 | 18 | 71 | 605 | 8 | 468 | 1,152 | 6 | 14 | 55 | 2 | 1 | 5 | 7 | 4 | 11 | 116 |
| 2 | 4 | 2 | 25 | 151 | 6 | 172 | 352 | 4 | 7 | 13 | » | » | 2 | 3 | 1 | 4 | 90 |
| 3 | 11 | 13 | 231 | 915 | 19 | 607 | 1,754 | 12 | 23 | 11 | 3 | 1 | 9 | 22 | 8 | 30 | 111 |
| » | 3 | 24 | 52 | 472 | 5 | 164 | 693 | 6 | 10 | 22 | 1 | 5 | 10 | 4 | 5 | 9 | 190 |
| » | » | 7 | 48 | 278 | 12 | 134 | 472 | 2 | 4 | 11 | » | » | 2 | 5 | 2 | 7 | 72 |
| 1 | 3 | 8 | 157 | 592 | 13 | 314 | 1,076 | 9 | 15 | 48 | 3 | » | 11 | 7 | 10 | 17 | 112 |
| » | 1 | » | 1 | 53 | 1 | 51 | 66 | » | » | 2 | » | » | 1 | » | » | » | 5 |
| 38 | 108 | 402 | 3,500 | 16,322 | 348 | 9,895 | 30,065 | 193 | 385 | 1,020 | 59 | 89 | 166 | 249 | 153 | 402 | 3,087 |
| 31 | 133 | 380 | 3,612 | 17,517 | 437 | 9,837 | 31,423 | 264 | 377 | 769 | 46 | 60 | 171 | 274 | 184 | 458 | 29,779 |
| » | » | 22 | » | » | » | » | 38 | » | 8 | 231 | 13 | 29 | » | » | » | » | 108 |
| 13 | 25 | » | 112 | 1,193 | 89 | » | 1,358 | 71 | » | » | » | » | 3 | 25 | 31 | 56 | » |

# RÈGLEMENT DU 31 JANVIER 1834.

———

La diversité qui existe dans les maisons centrales de correction et de détention du royaume relativement au vêtement, au couchage, au prix du travail, aux masses, au traitement des détenus en récidive et relativement à plusieurs organisations de police, présente des inconvénients qu'il convient de faire cesser. Les dispositions suivantes ont pour but d'améliorer les différents établissements et de les soumettre à un régime uniforme.

## VÊTEMENT DES DÉTENUS.

1. Pour le vêtement, il n'y aura dorénavant qu'une seule forme. La couleur du vêtement dans les maisons centrales devra être brune, dans les maisons de correction, gris foncé.

Le vêtement extérieur des hommes consistera : en une jaquette ronde aussi longue que la ceinture de la culotte, entièrement fermée, mais sans pans, un gilet, un bonnet de drap, des culottes qui seront attachées au-dessous du genou, des bas et des souliers.

Le vêtement des femmes se composera de jaquettes ou camisoles, jupons, bonnets, tabliers, fichus, bas et souliers.

2. L'étoffe des vêtements portés en hiver et pendant le travail sera en laine, et en été, au lieu de treillis, d'un tissu dont la chaîne sera en fil et la trame en coton. Cette étoffe devra être fabriquée dans les établissements.

3. L'emploi de ces vêtements aura lieu dès que ceux dont on use actuellement ne pourront plus servir.

4. Les futurs états de vêtements pour hommes en règleront ainsi l'usage : Les jaquettes seront doublées de treillis et auront une poche par-devant. La distinction des catégories continuera de se faire par un numéro sur la manche. On prendra 2 aunes de drap de 8 4 de largeur par jaquette, 3 aunes de treillis de 6/4 de largeur, pour doublure, 1/4 d'aune de treillis pour la poche.

Les jaquettes devront durer 3 ans.

Pour la confection d'une paire de culottes on emploiera 1 aune 1/4 de drap de 8/4 de largeur et 2 aunes 1/2 de treillis de 6/4 de largeur pour la doublure. Les culottes devront durer deux ans. Pour un gilet on prendra 3/4 d'aune de drap de 8/4 de largeur, 1 aune 1/2 de treillis de 6/4 de largeur pour la doublure et 1/8 d'aune pour une poche. La durée est fixée à 3 ans. Le bonnet de drap sera fait de 1/8 d'aune de 8/4 de largeur, il devra être porté 3 ans.

La jaquette d'été sera faite de 2 aunes 3/4 d'étoffe de 6/4 de largeur, 1/4 d'aune de treillis de 6/4 de largeur pour une poche. Elle devra durer 2 ans.

Pour les culottes d'été on emploira 1 aune 3/4 de 6/4 de largeur. Elles dureront deux ans. Les chemises seront faites de 4 aunes 1/2 de toile de 5/4 de largeur par pièces. Autant que possible, chaque détenu devra en posséder trois. La durée d'une chemise est fixée à 6 mois.

Les bas seront faits de 3/4 de livre de filé de laine mêlé de noir. Il sera réservé deux paires par détenu. Elles devront durer un an.

Les souliers serviront aussi pendant un an, toutefois ils seront ressemelés dans l'intervalle.

Les tabliers pour le travail seront faits de 1 aune 3/8 de toile d'emballage de 6/4 de largeur.

— Pour une jaquette de femme on emploiera : 1 aune 3/8 de drap de 8/4 de largeur, 1 aune de treillis de 6/4 de largeur pour la doublure des manches (durée 3 ans). Pour un jupon, 3 aunes 1/8 de drap de 8/4 de largeur et 3/4 d'aune de treillis de 6/4 de largeur pour un corset (durée 3 ans).

La jaquette d'été sera faite de 2 aunes d'étoffe de 6/4 de largeur, et le jupon de 4 aunes d'étoffe de 6/4 de largeur, et 3/4 d'aune de treillis de 6/4 de largeur. L'un et l'autre devront durer deux ans

Pour un bonnet de femme, on prendra 1/5 aune de drap de 6/4 de largeur , 3 aunes de rubans blancs et 1 aune de toile blanche pour bandes. Ils ne seront portés que pour aller à l'église. Les femmes devront travailler nu-tête. La durée du bonnet est fixée à 6 ans.

Les tabliers de femme seront faits de 1 aune 1/2 d'étoffe brune ou grise, et de 3 aunes de rubans de même couleur.

Pour les chemises de femmes, il sera employé 4 aunes de toiles de 5/4 de largeur (la durée est la même que pour les chemises d'hommes.

Chaque fichu sera fait de 1/4 aune de toile de 5/4 de largeur (durée un an).

Les bas seront faits de 5/8 de livre de filé de laine ordinaire mélangé.

Souliers et ressemelage, comme pour les hommes et même durée.

Outre les souliers, il pourra être accordé des pantoufles pendant le travail.

Les mouchoirs de poche pour les deux sexes, les mouchoirs de cou et les bretelles pour les hommes seront fournis et payés par la masse.

En aucun cas les condamnés ne peuvent porter leurs effets d'habillements. A leur entrée dan un établissement disciplinaire, ces effets seront nettoyés et conservés dans un local spécial ; s'ils sont en trop mauvais état ou que le condamné doive rester plus de cinq ans dans la maison, ils eront vendus et le prix accroîtra sa masse de réserve.

### COUCHAGE DES DÉTENUS.

5. Dans les établissements où il existe des couchettes en fer, elles seront conservées ; mais les bois de lit devront être préférés à l'avenir. Leur durée devra être de 25 à 30 ans ; leur largeur sera de 2 1/2 et leur longueur de 6 à 6 1/2 pour les hommes et de 5 3/4 à 6 pieds pour les femmes

6. Chaque couchette sera pourvue d'une paillasse et d'un traversin, d'une couverture en été, et de deux en hiver. Il devra y avoir 10 o/o de couvertures en réserve. Les couvertures en laine seront doublées de toile grise d'un côté et lavées chaque fois que cela sera jugé nécessaire.

Pour la confection d'une paillasse, il sera employé 7 aunes 3/4 de treillis uni, et pour un traversin, 3/4 d'aune de même étoffe. La durée est de quatre ans.

Pour un drap de lit dont chaque couchette devra être garnie, il sera fourni 4 aunes 1/2 de toile de 5/4 de largeur. Il y aura un drap de lit en réserve pour chaque couchette. La durée est de 3 ans.

Le traversin sera fait d'une aune de toile de 6/4 de largeur. (La provision et la durée sont les mêmes que pour les draps de lit.)

7. Les couvertures devront avoir 3 aunes de longueur sur 2 aunes de largeur; elles seront croisées d'un côté, on y emploiera 3 aunes de ratine blanche de 2 aunes de largeur et 5 aunes de treillis pour doublure. La durée des couvertures doublées est fixée à 8 ans.

Pour le remplissage d'une paillasse avec le traversin, en emploiera 40 livres de paille et 8 livres pour l'entretenir. De 4 mois en 4 mois la paille devra être renouvelée; ainsi il faudra pour chaque couchette, 144 livres de paille par an.

### MESURES DE PROPRETÉ.

8. Dans toutes les salles de travail, dans les réfectoires, etc., il y aura des crachoirs en bois; il est interdit de salir les planchers.

9. Les détenus auront aussi des essuie-mains dont la durée est fixée à 2 ans.

### INFIRMERIE.

10. Il y aura des vêtements particuliers pour les détenus malades; ils seront faits de treillis pour les hommes comme pour les femmes, et seront nettoyés dès qu'ils auront servi.

Il y aura pour chaque couchette des taies qui seront lavées chaque fois qu'il en aura été fait usage. La durée de ces taies est fixée à 3 ans.

### CONDAMNÉS EN RÉCIDIVE.

11. Tout condamné en récidive, qui, pour vol, tromperie ou pour faux, aura été déjà détenu dans une maison disciplinaire, sera rangé dans une catégorie inférieure à celle où il était précédemment. Dans les premiers 6 mois de la peine, il ne sera pas formé de masse de réserve pour le condamné en récidive; en conséquence, les objets dont l'usage est autorisé ne pourront pas lui être fournis; et, pendant 4 semaines, il sera privé de la soupe le matin, deux fois la semaine. A la seconde récidive, il sera privé de la soupe le matin au moins 4 fois par semaine, pendant trois mois; et toutes les fois que, pour des travaux pénibles, il est accordé un supplément de nourriture, il ne lui sera donné que la moitié de ce supplément.

Les condamnés en récidive seront de plus employés aux travaux les plus sales, et pour lesquels vêtements hors d'usage leur seront donnés. Ils seront aussi privés de la viande et de la bière aux quatre jours de fête.

Les dispositions précédentes sont aussi applicables aux vagabonds et aux mendiants, dans les maisons de correction.

### POLICE.

12. Pour éviter à l'avenir de nouveaux conflits entre les directeurs, les médecins, chirurgiens et aumôniers, il est prescrit à ces derniers fonctionnaires de suivre les ordres du directeur, leur autorité ne devant être indépendante que lorsqu'il s'agit de dispositions qui leur soient spéciales.

13. Les familles des employés subalternes cesseront d'habiter l'établissement. A chaque nouvel établissement cette interdiction, dont le but est d'empêcher le contact des étrangers avec les détenus, sera prescrite, sans que pour cela l'employé ait droit à une indemnité.

14. Le régime du silence dans les établissements disciplinaires, prescrit par le règlement du 13 novembre dernier, devra être sévèrement maintenu.

15. L'usage du tabac à fumer et mâcher devra être interdit dans l'intérieur de la maison aussi bien que dans les préaux. Les gardiens ne sont pas dispensés de cette règle pendant leur service. Cependant le tabac, pendant le travail hors de l'établissement, pourra être accordé aux détenus à titre d'encouragement pour leur bonne conduite, ou lorsqu'il y aura prescription du médecin.

### TRAVAIL.

16. Le principe qu'il convient d'adopter est : qu'il ne faut admettre dans les établissements que les industries qui procurent des moyens d'existence au détenu lorsqu'il se trouve en liberté ; mais son application sera suspendue jusqu'à ce que le nombre des détenus ait diminué et que la situation financière soit devenue meilleure.

Les travaux auxquels les hommes devront être principalement employés sont : le tissage des draps, des couvertures pour lits et pour chevaux, de tapis, de la toile, du treillis, des cotonnades, des étoffes, de la mousseline, etc., etc. ;

Les métiers de cordonniers et de tailleurs, le sciage du bois.

Pour les détenus moins aptes à ces travaux :

L'épluchage de la laine et du cuir ;
Le cardage et peignage de la laine ;
Le filage de la laine, du lin et des étoupes ;
Les ouvrages de paille, tels que nattes, etc.
Colorier des modèles de broderie, etc.

Pour les femmes :

Les travaux de couture ;
Le filage du lin, du chanvre, des étoupes ;
Le tricotage des bas, des bonnets, des jaquettes, des gilets, des gants ;
Le tissage des cotonnades légères ;
Le filage de la laine, le peignage et le cardage ;
Les ouvrages de paille, tels que le tressage des nattes, etc. ;
Le nettoyage des plumes ;
La culture de la soie et du tissage.

17. Lors de la passation des marchés avec les entrepreneurs, au lieu de stipuler par jour et par tête, il convient de fixer à l'avance un prix par pièce et pour une mesure déterminée.

5

18. La durée du travail , en été, est fixée à 14 heures (non compris le temps des repas et du repos), et en hiver, à 13 heures ; cette durée doit être regardée comme *minimum*. La durée du travail peut être maintenue dans les établissements où l'on travaille plus longtemps.

19. Les dimanches, après le service divin, auquel tout détenu doit assister, à moins qu'il ne soit malade, chacun d'eux est obligé de se tenir à la place qui lui est assignée par le travail ; là il est libre, soit de lire un livre de cantiques, la Bible, ou tout autre livre religieux , soit de travailler. S'il travaille, le prix de la tâche qu'il fournira le dimanche sera ajouté à son fonds de pécule (1).

(1) Les articles qui suivent sont relatifs à la formation et à l'emploi de la masse de réserve. Ils sont reproduits avec quelques modifications dans le règlement du 4 novembre 1835, art. 44 et suivants. Voir plus bas, page 39.

# RÈGLEMENT POUR LA PRISON DE RAWIECTZ,

## Applicable à toutes les maisons de réclusion du royaume.

---

4 novembre 1853.

### BUT DE L'ÉTABLISSEMENT.

1. L'établissement est destiné à recevoir les individus dont la condamnation emporte l'obligation du travail. Cependant on doit chercher l'amélioration morale et religieuse des détenus pendant leur séjour dans l'établissement, afin qu'après leur libération ils soient préparés à mener une existence honnête.

### ORGANISATION ADMINISTRATIVE.

2. L'administration générale est confiée à un directeur, il a sous ses ordres deux inspecteurs et un commis-greffier. L'un de ces employés est chargé de la comptabilité. De plus, il y aura un aumônier pour les détenus catholiques et un autre pour ceux du culte protestant, un médecin et un chirurgien. Ces employés forment, avec le directeur, les employés supérieurs de l'établissement.
Comme employés subalternes, il y aura :

> Un économe,
> Un contre-maître,
> Plusieurs gardiens ou surveillants,
> Deux gardes de nuit,
> Un portier.

3. Aussi longtemps qu'il y aura un homme de loi employé dans l'établissement, il aura, outre les fonctions judiciaires dont il est spécialement chargé, la tâche d'examiner toutes les affaires qui présentent un point de droit, et les mesures disciplinaires lorsqu'il en sera chargé par le directeur.

4. La règle que les employés doivent suivre dans l'exercice de leurs attributions sera ci-après déterminée.

5. 1° Le directeur est chargé de la direction de l'administration en général et de la police de l'établissement, ainsi que de la surveillance du personnel des employés et de leurs services respectifs.

2° La caisse de l'établissement est confiée à l'inspecteur chargé de la comptabilité et de l'économie ; c'est lui qui règle la dépense d'entretien des détenus, le chauffage, l'éclairage, etc. Il remplit, en outre, les fonctions de directeur en cas d'absence ou de maladie de ce dernier.

3° L'inspecteur des travaux est chargé de la direction de tous les travaux.

4° Le commis-greffier est principalement le secrétaire du chef de l'établissement, et en cette qualité il est chargé, non-seulement de la tenue de tous les livres et registres, mais encore des archives, des expéditions et de la chancellerie.

5° Les aumôniers, outre leurs devoirs religieux, ont encore la direction de l'instruction élémentaire telle qu'elle se pratique dans l'établissement.

6°-7° Les fonctions du médecin et du chirurgien s'expliquent d'elles-mêmes.

8° L'économe est chargé du maintien de l'ordre du jour, de la surveillance des détenus, des vêtements, du linge, de la literie et de tous les ustensiles.

9° Le contre-maître, sous la direction de l'inspecteur des travaux, est chargé de la distribution des travaux, du contrôle de leur exécution, ainsi que du soin de la conservation des instruments de fabrication et des matières à ouvrer.

10° Les gardiens ont, outre la surveillance de la conduite des détenus, le devoir de faire observer toutes les prescriptions concernant l'ordre de la maison. Le gardien qui, par son zèle, inspirera le plus de confiance au directeur, pourra être chargé, par lui, de contrôler le service des autres gardiens.

11° Les gardes de nuit sont chargés de la surveillance pendant la nuit, et le portier doit contrôler les entrées et les sorties.

6. Pour ce qui regarde la limite des attributions de chaque employé, des instructions spéciales la déterminent. En tout cas ils doivent, s'ils en sont chargés par le directeur, remplir toutes autres fonctions qui leur seraient assignées.

7. Une règle de conduite leur sera prescrite par ces instructions pendant et hors le service.

8. Nul employé ne peut avoir de rapports privés avec les détenus ; il leur est défendu d'avoir en leur possession aucun objet appartenant aux détenus, de les employer pour leur propre compte, ou de se charger de leurs commissions. Toute infraction à cette injonction sera sévèrement punie et pourra, selon les circonstances, amener la destitution de l'employé.

9. Les employés ne devront faire usage des armes qui leur sont confiées que pour se garantir d'une attaque, empêcher une évasion violente ou pour laquelle les sommations ont été inutiles.

10. La subordination des employés au directeur, en ce qui concerne les aumôniers et les médecins, ne doit s'entendre que pour les rapports et dispositions qui concernent le service de l'établissement.

11. Le directeur est autorisé à rappeler les employés à leur devoir, par des avertissements et des réprimandes ; il peut même les punir d'une amende qui ne pourra cependant pas excéder 5 écus. Il fera connaître à l'administration supérieure les délits qui auront été l'objet d'une punition.

12. Le directeur est autorisé à accorder à tout employé un congé de quatre jours. Les congés pour de plus longues absences d'employés ou du directeur devront être demandés à l'administration supérieure.

ADMINISTRATION DE L'ÉTABLISSEMENT.

13. Aucun individu ne peut être admis dans l'établissement sans commandement de l'autorité judiciaire ou du gouvernement de la province, ou sans réquisition d'une cour royale ou d'un tribunal.

Si l'arrêt ou le jugement qui prononce et fixe la peine n'accompagne pas le condamné, ou qu'il ne soit pas envoyé dans le délai de 4 semaines, le directeur en référera au gouvernement en lui communiquant la réquisition en vertu de laquelle le condamné aura été admis.

14. Le directeur réunira au jugement de chaque condamné les notes recueillies pendant l'instruction, ainsi qu'un signalement complet. Il veillera, sous sa responsabilité, à ce qu'aucun détenu ne soit reçu contrairement aux prescriptions des §§ 565 et 566 du Code d'instruction criminelle.

15. Les vêtements et effets ci-après désignés devront accompagner chaque condamné, savoir :

3 chemises,
1 paire de bas de laine,
1 paire de souliers ou des bottes,
1 chapeau ou un bonnet.

De plus, pour les hommes : 1 pantalon,
1 veste,
1 habit ou jaquette.

Pour les femmes :
2 jupons,
1 camisole,
1 fichu.
Le tout en bon état.

16. Dans le cas où les renseignements ci-dessus relatés, ainsi que les vêtements désignés, n'accompagneraient pas le condamné, le directeur devra s'entendre avec l'autorité judiciaire qui l'aura livré, et si elle ne s'empresse pas de compléter ce qui manque, il en sera fait part au gouvernement qui statuera.

17. Toutes les fois que des femmes seront transférées et qu'elles arriveront dans un état apparent de grossesse, elles seront reconduites dans l'établissement d'où elles avaient été extraites, le règlement disciplinaire ne pouvant lui être appliqué dans cet état.

18. Les condamnés seront reçus à toute heure du jour ; cependant, après 8 heures du soir, l'admission peut être refusée : dans ce cas, les condamnés resteraient déposés dans la prison de la ville.

19. Après que le détenu aura été inscrit sur les registres d'écrou à ce destinés, il lui sera donné connaissance des règles de conduite telles qu'elles se trouvent établies aux §§ 54 à 69 de ce règlement. La lecture de ces dispositions du règlement se fera publiquement tous les six mois.

20. Ensuite il sera procédé à une visite minutieuse de tous les effets et vêtements du condamné ; les instruments et objets pouvant compromettre la sûreté de l'établissement lui seront ôtés et conservés. (Le dernier § de cet article et l'article suivant, relatifs aux vêtements appartenant aux détenus, sont conformes au dernier § de l'art. 4 du règlement de 1834.)

22. Cette visite terminée, le condamné sera soumis à une purification corporelle; les cheveux seront coupés, il sera baigné, et les vêtements prescrits par le règlement lui seront délivrés; s'il déclare être atteint de quelque maladie, elle devra être constatée par le médecin.

23. Le lendemain après leur arrivée, les détenus devront être présentés au médecin ou chirurgien qui examinera leur constitution, et qui, en cas d'une incapacité totale ou partielle au travail, en fera la consignation dans les actes. Les marques particulières que l'on découvrira sur le corps des détenus serviront à compléter leur signalement.

24. Puis on indiquera au détenu le dortoir et le genre d'occupation. La catégorie dont il fera aussi partie sera déterminée.

25. Dans les trois jours qui suivront son admission, chaque détenu devra être examiné par l'aumônier de sa confession sur le degré de son instruction morale et religieuse.

### CLASSIFICATION DES DÉTENUS.

26. Les condamnés devront être partagés en deux classes, d'après les principes suivants:

27. La première classe sera formée des détenus qui entreront pour la première fois dans l'établissement.

28. Dans la seconde sont compris tous les individus qui, par leur degré de corruption, seraient reconnus dangereux pour les moins coupables, et tous ceux qui auraient été déjà condamnés pour vol, fraude ou faux.

Si le détenu en récidive faisait déjà partie de la deuxième classe, non-seulement il y sera réintégré, mais au lieu de la casquette il recevra une cape, comme marque distinctive, qu'il ne pourra pas déposer même pendant le travail. Une bonne conduite pourra dispenser de la porter.

La division des classes se distinguera par un numéro mis sur les manches de la jaquette. La persévérance dans la bonne voie sera un titre pour être reçu dans la première; de même qu'une mauvaise conduite est une cause pour être transféré dans la deuxième.

### PROCÉDÉS POUR LA CLASSIFICATION.

29 et 30. La translation d'une classe s'opère par décision du Directeur. La décision est notifiée au détenu en présence de l'aumônier et de tous les détenus.

31. Tous les trois mois, le directeur et l'aumônier délibèreront sur ces translations.

32. Le grand principe du règlement repose sur la séparation des sexes, la séparation des jeunes détenus des adultes, et, autant que les localités le permettront, la séparation des deux classes, aussi bien pendant le jour que pendant la nuit, durant le travail comme durant les repas et les heures de récréation.

## ENTRETIEN DES DÉTENUS.

### NOURRITURE.

33. Les détenus seront tous nourris de la même manière: il n'y aura d'exception qu'avec l'approbation spéciale du ministre de l'intérieur ou de la police.

34. Toutefois les détenus désignés à l'article 28 seront privés de soupe deux fois par semaine, et cela pendant un mois; ils seront en outre privés de viande les jours de fête.

35. En cas de nouvelles récidives, etc., (Voir règl. de 1834, art. 11.)

36. (Renvoi au même règlement pour ce qui concerne les vêtements, le linge et le couchage.)

### SOINS GÉNÉRAUX.

37. Les détenus devront se laver chaque matin les mains et la figure; ils devront aussi se peigner les cheveux. Chaque samedi ils se laveront la figure, la poitrine, les bras et les pieds. Tous les mois, ils seront baignés entièrement. Ils seront rasés deux fois par semaine et leurs cheveux seront coupés toutes les fois qu'il sera jugé nécessaire. Un détenu jugé digne de confiance pourra être chargé de cette besogne sous la surveillance de l'économe.

38. Tout détenu bien portant sera conduit chaque jour pendant une demi-heure dans les préaux pour prendre l'air. Quant aux détenus malades, le médecin devra décider s'ils doivent être exposés au grand air, et combien de temps ils doivent y rester.

### DU TRAVAIL.

39. Chaque détenu, sans distinction, est tenu de travailler sans interruption pendant les heures fixées.

40. (Pour l'énumération des travaux, voir le règlement de 1834, art. 16.)

41. Tous les ouvrages et travaux nécessités par l'administration de l'établissement devront être faits par les détenus. En conséquence, ils pourront être employés aux travaux des champs, qui seront d'ailleurs utiles à leur santé. Sous aucun prétexte, les détenus ne pourront passer la nuit hors de la maison.

42. Le directeur décidera à quel genre de travail chaque détenu devra être employé.

43. Toutefois, l'habileté et la force physique des détenus devront être prises en considération. Le directeur aura soin, en outre, que les individus de la première classe soient occupés aux travaux les plus lucratifs, et que les détenus en récidive soient employés aux ouvrages les plus désagréables et les plus sales qui permettent de leur faire porter des vêtements à peu près usés.

44. Selon la nature du travail, il sera imposé à chaque détenu une tâche journalière.

45. Cette tâche sera proportionnée aux forces physiques, à l'intelligence et aux difficultés ou à la nouveauté même du travail; ainsi il y aura des tâches (pensums) entières, des tâches moyennes, et des tâches d'apprentis et d'infirmes.

46. Le détenu doit terminer chaque jour la tâche qui lui est assignée, sous peine de punition.

47. La tâche terminée, le détenu n'est pas dispensé du travail et doit s'occuper pendant toute la durée prescrite par le règlement.

48. Afin d'intéresser chaque détenu à produire un excédant de travail, il lui sera accordé sur cet excédant une portion du produit.

49. Cette portion de produit sera employée, moitié à procurer au détenu une nourriture plus abondante, moitié à l'aider lors de sa libération. Cependant, en fait d'aliments, il ne pourra être fourni que ceux autorisés, tels que du pain, de la bière, du fromage, du beurre, des harengs,

des saucisses et de la viande, du tabac à priser, des fruits. Le tableau de ces objets devra être affiché, avec leurs prix respectifs, dans les salles de travail. L'eau-de-vie, le vin, et toutes les bières fortes sont expressément défendus.

50. Les détenus en récidive ne pourront pas, dans les six premiers mois de leur peine, toucher le produit de l'excédant de leur travail. Selon la gravité des circonstances et le nombre des récidives, cette privation pourra se prolonger pendant une année. L'excédant, pour toute la durée de ce temps, sera versé dans la caisse de l'établissement.

51. La moitié du produit de l'excédant de travail devant être considérée comme *maximum* à accorder aux détenus pour améliorer leur position, la conduite de chaque détenu déterminera la part qui lui revient, c'est-à-dire si c'est le *maximum* ou une part moindre.

52. Le directeur pourra faire remettre aux condamnés à perpétuité, ainsi qu'à ceux dont l'âge avancé et les infirmités ne permettraient pas l'espérance d'atteindre l'époque de leur libération, la moitié du produit de l'excédant, surtout lorsque le détenu manifeste la volonté de disposer de ce produit en faveur de ses parents.

53. Sous aucun prétexte, il ne pourra être payé au détenu, sur le produit de son excédant, qu'une somme de 5 sil. g. par semaine. Cependant, par exception, il sera payé 10 sil. g. pendant les semaines qui précèdent les trois grandes fêtes.

54. Il n'est permis à aucun détenu d'avoir en sa possession plus de 10 sil. g. Tout ce qui dépasse cette somme doit être versé dans la caisse pour y rester en dépôt.

55. La fixation et le décompte de l'excédant s'établiront séparément pour chaque détenu.

POLICE GÉNÉRALE. — MESURES DISCIPLINAIRES.

56. Tous faits, paroles ou gestes contraires à la décence ou à la morale sont expressément défendus aux détenus.

57. Tout dégât des objets appartenant à l'établissement, y compris les vêtements, est expressément interdit.

58. Il est défendu aux détenus d'endommager ou de défigurer leur corps. Toute tentative de suicide sera sévèrement punie.

59. Tout détenu doit obéissance aux ordres du directeur, ainsi qu'aux employés supérieurs et inférieurs.

60. Il est enjoint à tout détenu de se laver proprement le matin et de se coucher le soir déshabillé jusqu'à la chemise.

61. Il n'est permis à aucun détenu de s'éloigner de la place qui lui a été assignée, sans la permission d'un employé.

62. Toute tentative d'évasion, ainsi qu'une évasion réelle (si elle ne porte pas le caractère d'un crime, et qu'elle ne soit punie comme tel) sera l'objet d'une peine disciplinaire dans l'établissement.

63. Il est défendu aux détenus de se parler; tous chants, cris et bruit de toute nature sont également interdits.

64. Il est défendu aux détenus de parler aux gardiens, aux étrangers, et de mendier.

65. Sans la permission du directeur, aucun détenu ne peut avoir en sa possession un objet provenant d'un autre détenu, soit par achat, don ou échange. Les détenus ne peuvent se charger de commissions entre eux, soit pendant leur séjour dans l'établissement, soit à l'époque de leur libération.

66. Aucun détenu ne peut écrire ou recevoir de lettres sans permission du directeur.

67. (Pour l'usage du tabac, voir art. 15, règlement de 1834.)

68. Lorsqu'un détenu a quelque plainte à former contre un employé, il en peut faire le rapport à l'économe, au gardien chef ou au directeur.

69. Toute complicité d'un détenu dans un délit commis par un autre détenu sera également punie. Une punition sera de même infligée à celui qui, ayant eu connaissance d'un délit, aura gardé le silence, notamment dans le cas d'une évasion ou d'une émeute dans l'établissement. Il est autant du devoir que de l'intérêt de chaque détenu de dénoncer les projets de semblables délits.

70. Le directeur est chargé de vérifier et de punir toutes les contraventions. Il s'efforcera de concilier toujours, autant que possible, la justice avec les égards que l'humanité réclame.

71. Son principal devoir est de prévenir toute contravention aux lois en général et aux règlements en particulier.

72. Le directeur est autorisé à prendre toutes les mesures propres à atteindre ce but. Il peut isoler un détenu dès son entrée dans l'établissement. Les cellules doivent être constamment occupées par les détenus, sur lesquels la détention solitaire sera jugée produire des effets salutaires, sous le rapport de l'amélioration morale. La mise aux fers ne peut pas être déterminée par la durée de la peine; elle ne peut avoir lieu que lorsque le détenu l'aura rendue nécessaire. Si la mise aux fers employée comme moyen de sûreté devait se prolonger au delà de trois mois, le directeur en référerait au gouvernement, en exposant les motifs de la mesure.

73. Outre les visites journalières des dortoirs et des salles de travail par les gardiens, sous le contrôle d'employés supérieurs, le directeur devra faire de temps à autre une revue générale des détenus et des localités. La possession d'argent, de couteaux et d'eau-de-vie sera sévèrement punie.

74. Lorsqu'un délit a été commis, le directeur est autorisé et même obligé de prendre toutes les mesures propres à en réprimer les effets.

75. Dans le cas d'émeute ou de rassemblement de plusieurs détenus pour s'opposer au règlement et à l'ordre de la maison, ou bien pour l'exécution de plans criminels, le directeur emploiera tous les moyens de contrainte, et si les mesures employées sont insuffisantes, il requerra la force armée.

76. Lorsqu'un détenu s'est rendu coupable d'une action qui, d'après les lois générales, est de nature à provoquer une instruction criminelle, le directeur devra le mettre immédiatement à la disposition de l'autorité judiciaire.

77. Tous les autres employés sont autorisés à faire exécuter leurs ordres par les moyens légaux; mais le directeur veillera à ce qu'ils ne maltraitent pas les détenus, soit par des injures, soit par des violences, et par des coups; il punira énergiquement les contraventions de cette espèce, mais de manière cependant à ce que l'autorité de l'employé sur les détenus ne soit pas compromise.

78. Bien que le directeur ait un droit absolu de punition, il faut néanmoins que la vérification du délit précède le châtiment. Des éclaircissements sommaires et verbaux suffiront.

79. Le directeur est autorisé à prononcer et à faire exécuter les punitions suivantes : 1° Le transfèrement dans la deuxième classe ; 2° la privation durant trois mois de la somme payée pour excédant de travail.

3° L'isolement dans une cellule de punition pendant 15 jours au plus. Cette punition consiste dans la privation du jour et du travail. Le détenu, ainsi puni, ne reçoit pendant 3 jours que le pain et l'eau, et seulement le quatrième jour, la nourriture ordinaire. La punition, suivant les circonstances, pourra être aggravée par la détention dans une chambre dont le plancher est garni de lattes. — Dans ce dernier cas, le détenu est privé de la couchette, de la paillasse, et du traversin.

4° La privation de la viande et de la bière un jour de fête.

5° La punition corporelle jusqu'à concurrence de 30 coups ; deux punitions différentes ne pourront être cumulées.

80. En infligeant les punitions, on aura égard aux circonstances aggravantes ou atténuantes on prendra en considération le temps, le lieu, le degré de perversité du coupable, le degré d'intelligence et l'étendue de ses forces.

81. Tant qu'on croira atteindre le but qu'on se propose, en appliquant les diverses espèces de punition, il ne sera prononcé contre les délits des détenus de la première classe que les punitions les moins sévères.

82. Si le directeur jugeait nécessaire d'infliger dans certains cas particuliers des punitions plus rigoureuses que celles énoncées par l'art. 79, il en référera au gouvernement, en lui exposant le motif et les faits. Dans ce cas, une information par écrit est nécessaire. Le gouvernement pourra prononcer le double de toutes les punitions que le directeur est autorisé à infliger dans les cas ordinaires.

83. Lorsqu'une punition corporelle doit être mise à exécution, le médecin ou chirurgien sera consulté. La punition s'inflige par coups de fouet sur le derrière, après que le détenu aura été attaché sur la machine à ce destinée. La punition aura lieu en présence du directeur ou d'un employé supérieur par lui délégué. Elle ne sera publique que s'il l'ordonne expressément.

84. Lorsqu'il s'agit de la punition d'une femme, il faut, si son état fait naître le moindre doute, qu'elle soit préalablement visitée par le médecin, puis par une femme de l'établissement. Si sa santé ne doit pas souffrir de la punition, on lui fera revêtir un pantalon, et elle sera fouettée par la gardienne seule avec des verges de bouleau, ou fouet léger.

85. Il sera tenu note des punitions infligées, et ces indications seront jointes au dossier de chaque détenu.

86. A la fin de chaque mois, le directeur fournira au gouvernement de la province un état de punitions infligées. L'état fera mention de la nature de la punition et du motif qui l'a provoquée.

87. Le conseil départemental, lors de son inspection, devra s'assurer que les punitions ont été légalement prononcées et convenablement exécutées.

SOINS POUR L'ADMINISTRATION MORALE ET RELIGIEUSE DES DÉTENUS.

88. Le service divin sera célébré les dimanches et jours de fêtes avant midi, pour les détenus catholiques et pour les protestants, par les aumôniers de la maison. Pendant le service, les sexes seront soigneusement séparés.

89. Les dimanches après midi, il y aura pour chaque culte une instruction sur le sermon du matin et sur le catéchisme.

90. Aucun détenu n'est exempt d'assister aux exercices religieux. Il y aura pour les malades un service divin particulier.

9:. La fête de la communion pour les détenus protestants sera célébrée tous les trois mois. L'aumônier catholique communiera les détenus de son culte les jours de fête, les dimanches, pendant le temps pascal, et même pendant la semaine.

92. Aucun détenu ne peut être contraint de participer à la communion; après la publication, le directeur fera connaître à l'aumônier les noms de ceux qui désirent la recevoir.

93. Les détenus qui laissent passer un certain temps sans s'approcher de la Table sainte seront exhortés par l'aumônier.

94. Les jours de fête, où il sera célébré pour les détenus un service divin public, et où il y aura cessation de travail, sont pour les catholiques aussi bien que pour les protestants les suivants : Noël, — le Jour de l'an, — le Vendredi-Saint, — Pâques, — l'Ascension, — la Pentecôte et le jour de Pénitence. — Pour les catholiques, il sera encore célébré les grandes fêtes commandées.

95. Chaque jour, le matin avant le travail, à midi avant et après le repas, aussi bien que le soir après la cessation du travail, il sera fait devant les détenus assemblés à cet effet une courte prière. Tous les détenus y assisteront.

96. Un détenu qui, par sa bonne conduite, se sera rendu digne de cette distinction, pourra être chargé de réciter la prière. A défaut de ce détenu, l'un des employés subalternes en sera chargé.

97. Les jours de fête, ainsi que la veille de ces fêtes, les aumôniers réciteront la prière au moins une fois. Ils devront assister de temps en temps aux exercices religieux qui ont lieu hors de l'église; les instructions détermineront comment les aumôniers catholiques et protestants doivent alterner dans cet exercice.

98. Hors des heures de travail les détenus sont autorisés à lire dans la Bible ou dans un autre livre religieux.

99. Les dimanches et jours de fête, les détenus, après l'église et les récréations, sont libres de se livrer à de pieuses lectures, ou au travail, pour augmenter leur excédant; mais ils ne peuvent jamais contrevenir à la règle du silence en s'entretenant entre eux.

100. Les aumôniers s'efforceront de pénétrer le caractère de chacun des détenus de leur confession respective, afin d'arriver à le réformer. A cet effet ils visiteront souvent les salles de travail, ainsi que les cellules et les infirmeries, et ils auront de temps en temps des entretiens moraux avec les détenus.

101. Deux fois par semaine l'instruction religieuse sera donnée, un jour aux hommes et l'autre jour aux femmes, dans des locaux spécialement à ce destinés.

102. Les détenus qui seront jugés avoir un plus grand besoin de cette instruction la recevront, en outre, pendant deux heures dans la semaine ; chaque aumônier consacrera ainsi six heures de la semaine à cette instruction.

103. Pour rendre profitable l'instruction aux détenus anciens, ils pourront être préparés par l'instituteur primaire.

104. Les détenus qui entreront dans l'établissement sans avoir été confirmés seront préparés à cet acte religieux par leur aumônier respectif.

105. Les dimanches il sera accordé à chaque détenu une heure de temps pour se perfectionner dans l'écriture, la lecture et le plain-chant.

106. Ceux d'entre les détenus qui seront jugés avoir un plus grand besoin de l'instruction élémentaire, et qui par leur âge y seront encore propres, recevront, en outre, quelques heures de leçon pendant la semaine.

107. S'il existe de jeunes détenus dans l'établissement, ils recevront chaque jour des leçons d'instruction élémentaire, et l'on prendra des mesures pour qu'ils soient constamment placés sous une surveillance particulière, afin de régler plus sûrement leur conduite.

108. Il ne peut être accordé aux détenus israélites une célébration du sabbat, non plus qu'une préparation particulière des aliments prescrits par leur religion; cependant il leur sera permis de s'assembler dans une chambre particulière les vendredi soir, une heure avant la fermeture, pour s'y livrer à leurs exercices religieux. On évitera aussi de mettre du lard dans la préparation de leurs aliments.

109. (Cet art. qui obligeait les juifs à assister au service divin avec les autres détenus a été abrogé.)

110. Pendant les quatre grandes fêtes pascales, les juifs ne seront pas astreints au travail, et il leur sera accordé un local pour leurs exercices religieux.

111. Le directeur est autorisé à laisser entrer pour les juifs détenus, pendant les jours de Pâques, les aliments préparés suivant les prescriptions de leur religion; il veillera toutefois à ce qu'il ne soit introduit ancune boisson spiritueuse.

ORDRE DU JOUR.

112. Un règlement particulier déterminera la succession et la durée des travaux, et l'emploi du temps. Un règlement spécial pour les dortoirs sera dressé également. L'un et l'autre seront lus de temps à autre aux détenus.

TRAITEMENT DES MALADES.

113. Ce n'est qu'en cas de maladie que le genre de vie et la nourriture des détenus seront changés.

114. Le médecin décide le cas où un détenu doit être traité comme malade, et ceux où le traitement doit cesser.

115. Quant au traitement médical et diététique, c'est au médecin à le régler. (Le vêtement, le coucher et les aliments des malades sont réglés par la circulaire du 31 janvier 1834.)

116. Si le médecin ne pense pas qu'un détenu malade doive être exempté de l'exécution de la discipline générale de la maison, il continue d'y être soumis.

117. Le directeur aura soin de séparer les détenus atteints de maladies contagieuses; il assignera aussi un local particulier aux convalescents.

118. Au-dessus de chaque lit, il y aura un tableau portant le nom du malade et le genre de diète qui lui aura été prescrit.

119. Si le malade est susceptible d'une occupation, il lui en sera donné une quelconque.

120. En cas d'aliénation mentale d'un détenu, s'il existe dans la province un établissement spécial, il y sera transféré.

121. Si, contre toute attente, une détenue devenait grosse, il lui serait assigné un local spécial dans l'établissement pour ses couches et l'allaitement, et elle sera traitée avec tous les égards dus à son état. Il sera nommé un tuteur à l'enfant, lequel sera tenu d'actionner le père au sujet de l'entretien et du placement de l'enfant dès qu'il sera sevré. Le directeur fera en sorte d'en découvrir l'auteur, détenu ou employé. Les informations recueillies à ce sujet seront transmises au gouvernement qui statuera.

### DE LA LIBÉRATION DES DÉTENUS.

122. Dès que la durée de la peine prononcée est expirée, si la libération n'a pas été fixée sous certaines conditions, le détenu doit être mis immédiatement en liberté.

123. Si pour cause de santé, sur l'avis du médecin, un détenu ne peut être congédié à l'époque de sa libération, on attendra son rétablissement; cependant l'avis du médecin sera réuni aux actes, et le gouvernement sera informé.

124. Même procédure pour les détenus atteints de gale ou d'autres maladies contagieuses.

125. Le commencement de la peine datera du jour de l'entrée dans l'établissement, et finira le jour qui précède celui de la dernière période de la peine.

126. Toutefois, si la peine avait commencé dans un autre établissement, ou que la détention pendant l'instruction dût être imputée sur la durée, elle datera du jour où elle aura commencé à courir dans l'établissement primitif.

127. Pour préparer et faciliter la libération, le directeur, dès l'entrée du détenu (s'il est Prussien), devra s'entendre avec les autorités à l'effet de fixer le lieu de sa résidence.

128. Si le détenu est étranger, il sera statué s'il devra être transporté ou s'il demeurera libre de sortir du royaume moyennant un itinéraire obligé.

129. Dans le cas où l'interdiction de résider dans le royaume aura été prononcée par jugement, il sera procédé avant la libération, conformément au § 572 du Code d'instruction criminelle. Les actes à faire, dans ce cas, sont envoyés au tribunal qui a prononcé la peine; après quoi le détenu libéré sera conduit hors du royaume, avec injonction de ne plus mettre le pied sur le territoire, sous les peines portées par la loi.

130. Le détenu prussien, majeur et apte au travail, pourra choisir le lieu de sa résidence future. Il en fera déclaration trois mois avant sa libération, et, six semaines au moins avant ce jour, il en sera donné connaissance aux autorités locales; et si ces autorités n'élèvent pas d'objections plausibles, sa résidence sera autorisée. Les détenus mineurs seront dirigés soit sur la commune qu'on leur aura choisie, soit sur celle où demeurent leurs parents ou tuteurs.

131. Si le détenu n'est pas apte au travail, ou qu'il n'ait pas de parents légalement obligés à le recevoir, il faut que la commune qu'il aura choisie, et qui est subsidiairement obligée de l'entretenir, fasse une déclaration éventuelle de le recevoir. Ce n'est qu'après que le placement du détenu aura été assuré, que la libération pourra avoir lieu. Lorsque le détenu n'est pas en état de se rendre à pied au lieu de sa destination, on doit prendre l'avis de la commune ou des parents au sujet des frais de transport.

132. Si un détenu est incapable de travailler, qu'il n'appartienne à aucune commune, et qu'il n'y ait pas de maison de refuge dans la province, il faudra aviser aux moyens de le placer dans une maison particulière, et attendre, pour la libération et le paiement des dépenses, la décision du gouvernement.

133. Le détenu sera dirigé sur le lieu où il aura été pourvu à ses moyens d'existence, soit par les soins de la direction, soit par ceux de la société pour le placement des détenus libérés. Il ne sera fait d'exception que lorsque le détenu aura par lui-même des moyens suffisants de vivre.

134. Si, au moment de la libération, le détenu ne possède pas des vêtements encore passables, il lui sera fourni contre quittance les objets les plus indispensables sur les provisions de l'établissement.

135. Si l'argent gagné par le détenu, pendant son séjour dans l'établissement, ne suffit pas à payer ses frais de route, il lui sera accordé 1 s. g. 6 pf. par mille, par la caisse de l'établissement.

135 bis. Le restant du produit de l'excédant sera envoyé aux autorités du lieu de la résidence du détenu libéré, sous la rubrique: *argent provenant du travail de détenus libérés.*

136. D'après les dispositions de l'instruction du 27 mars 1797, § 8, les détenus devront être exhortés à chaque libération, et il leur sera donné connaissance des dispositions qui déterminent le régime sévère auquel sont soumis les récidivistes.

137. Il sera donné avis de chaque libération à l'autorité judiciaire, qui aura prononcé l'arrêt ou le jugement, pour lui faire connaître que la peine a été subie.

138. Si la libération dépend de certaines conditions, il faut qu'elles soient d'abord remplies. Sous ce rapport, il y aura lieu de distinguer :

Le cas où la détention est prescrite jusqu'à la preuve des moyens honnêtes d'existence, et où l'amendement du détenu est en même temps une condition; si la libération dépend de la grâce, et, enfin, si la restitution du dommage a été imposée.

139. Les moyens honnêtes d'existence se prouvent par une force corporelle et une bonne volonté suffisante. La volonté s'établit par une bonne conduite pendant la détention, ou du moins pendant les derniers temps de sa durée.

140. Si le détenu est un étranger, on se conformera aux prescriptions de l'ordre du cabinet du 13 mai 1819, et, la condition remplie, il sera conduit hors des frontières, et, s'il les franchit, condamné à deux ans de travaux dans les fortifications.

141. Si c'est l'amendement du détenu qui doit déterminer la libération, il faut prendre l'avis de l'aumônier.

142. Si la libération dépend de la grâce, il est du devoir du directeur, si le détenu continue de se bien conduire, d'en faire la proposition au ministre de la justice.

143. Si le jugement porte que le détenu, après avoir subi sa peine, ne sera libéré que lorsque le vol commis ou le dommage causé aura été réparé par le travail, le directeur devra le retenir lorsque le produit de son travail excède les frais de son entretien dans la maison. Dans le cas contraire, une plus longue détention serait sans objet, et le directeur fera la demande de son renvoi de l'établissement ; si ce renvoi éprouvait des difficultés de la part de la justice, il en réfèrerait au gouvernement.

### RÈGLES A SUIVRE EN CAS DE DÉCÈS D'UN DÉTENU.

144. Tout décès doit être constaté par le médecin.

145. Le médecin notifie le décès par écrit au directeur, en indiquant l'heure, le jour et le genre de mort. Celui-ci joindra la pièce aux actes personnels du détenu, et l'aumônier l'inscrira dans le registre des décès. Avant que le cadavre soit porté au cimetière, les détenus désignés par le directeur s'assembleront autour de la bière exposée dans la cour, et l'aumônier fera un discours conforme aux circonstances.

Le décès sera annoncé par le directeur au pasteur du lieu de son dernier domicile, ainsi qu'au tribunal civil auquel sera adressé en même temps tout ce qui a appartenu au détenu décédé. Si cependant ce dernier doit ses frais d'entretien, le tout reste acquis à l'établissement.

L'état des effets, vêtements et argent ainsi délaissés sera joint au compte général de l'année. Les vêtements et literies de détenus malades ou décédés, déclarés contagieux par le médecin, seront, sur son avis, purifiés ou brûlés.

### CONSERVATION DES BATIMENTS.

146. Le directeur, de concert avec les inspecteurs et l'économe, examinera au moins tous les six mois l'état intérieur et extérieur des bâtiments, et il adressera ses observations au gouvernement. Le directeur peut, en prenant l'avis de l'architecte du district, ordonner les réparations qui ne compteront pas plus de 50 thalers. Sauf les cas d'urgence, il ne pourra ordonner de réparations plus considérables sans s'être fait autoriser préalablement par le gouvernement.

147. Tous les six mois l'architecte du district, en s'adjoignant le directeur, devra faire ainsi sa visite, et faire un rapport au gouvernement sur tout ce qu'il aura trouvé de défectueux.

148. Les salles, chambres, corridors, seront blanchis une fois par an et plus souvent encore s'il est reconnu nécessaire.

149. Les réparations rendues nécessaires par la négligence et la faute volontaire des détenus seront mises à leur charge et payées sur l'excédant.

150. La plus grande propreté doit régner dans l'établissement ; tous les locaux devront être balayés une fois par jour. Ils seront lavés, ainsi que les portes et les fenêtres, tous les quinze jours en été, et tous les mois en hiver. Lors du balayage, les taches et les toiles d'araignées seront soigneusement enlevées.

### MESURES DE SALUBRITÉ.

151. Toutes les chambres seront suffisamment aérées. Les fenêtres des ateliers resteront constamment ouvertes en été ; en hiver elles seront ouvertes pendant les heures de récréation et après

la cessation du travail. Elles seront ouvertes régulièrement pendant le jour dans les dortoirs. Toutes les fois que le médecin le jugera nécessaire, lors de maladies contagieuses, décès, etc., il sera fait dans toute la maison des fumigations de vinaigre au bain de genièvre pour purifier l'air.

### DIRECTION DES TRAVAUX.

152. Une instruction spéciale pour l'inspecteur des travaux contient les indications sur la manière de les diriger, de les rendre plus actifs et d'un plus grand rapport.

153. Pour ce qui concerne la préparation des aliments, le combustible et l'éclairage, on suivra les instructions données à l'inspecteur chargé de l'économie, en tenant compte des états respectifs.

154. Si les travaux ruraux prennent de l'extension, ils seront réglés par une instruction particulière.

### COMPTABILITÉ.

155. L'administration de la caisse et la gestion de la comptabilité en général doit se faire d'après le mode suivi pour les caisses et comptabilités de l'état; elle se divise en administration de la caisse générale et des fonds accessoires, tels que les fonds affectés, les avances, et administration de la caisse extraordinaire de l'établissement qui renferme la fortune privée des détenus, ce qu'ils apportent à leur entrée et ce qu'ils acquièrent légalement pendant leur détention. S'il est fait des constructions extraordinaires dans l'établissement, auxquelles il ait été affecté des fonds spéciaux, il y aura en outre une adjudication spéciale des fonds de construction.

156. Sur le rapport de l'administration des caisses, il y aura lieu de tenir les livres suivants :
Pour la caisse générale de l'établissement, un journal ou livre de caisse, un manuel pour les recettes et dépenses, un compte des avances, un compte des fonds affectés ;

Pour la caisse extraordinaire de l'établissement, un journal ou livre de caisse, un manuel pour les recettes et dépenses avec les comptes pour chaque détenu en particulier, des livres de décompte ou livrets des détenus pour l'inscription des sommes apportées ou gagnées dans l'établissement ;

Pour les fonds des constructions extraordinaires, un simple livre de caisse avec recettes et dépenses.

157. Tous les ans, aux époques prescrites et dans le délai fixé, il sera rendu compte de l'administration de ces diverses caisses. Sur l'aperçu général qui sera présenté, interviendra un règlement définitif.

158. Le directeur est le curateur de la caisse, et, en cette qualité, il devra faire, le dernier jour de chaque mois, le relevé des différentes caisses. Il est autorisé à disposer, suivant les besoins et en se conformant aux règles d'une juste économie, des sommes émargées dans l'état pour les besoins de l'administration.

159. Les détails de la comptabilité seront réglés par une instruction spéciale.

### MESURES DE SURVEILLANCE ET DE SURETÉ.

160. Il y aura dans l'établissement un poste militaire pour veiller aux entrées et aux sorties, servir de force armée au directeur en cas d'émeute, et garantir une surveillance plus efficace.

161. Les autorités militaires et administratives donneront une instruction pour le poste militaire.

162. Le portier exercera sur les entrées et les sorties une vigilance attentive. Il ne laissera sortir aucun individu suspect, et il interdira l'entrée à tout étranger jusqu'à ce que le directeur l'ait autorisée.

163. Pour prévenir le danger d'un incendie, il y aura un règlement spécial qui déterminera les mesures à prendre pour éteindre le feu et pour prévenir en même temps les désordres et les évasions des détenus.

164. Si, malgré les mesures de surveillance prescrites par les précédents articles, un détenu parvenait à s'évader, son signalement devrait être envoyé aux officiers de police; il serait en outre inscrit dans les feuilles publiques. Le directeur fera en sorte de découvrir les moyens employés par le détenu pour s'évader, et soumettra les personnes responsables à une instruction sommaire. Les informations recueillies à ce sujet seront envoyées au gouvernement, qui statuera.

165. Tous les employés d'administration sont sous les ordres du gouvernement de la province, qui, par ses efforts, doit tendre à ce que l'établissement atteigne, sous le rapport disciplinaire et sous celui de l'amélioration, le plus haut degré de perfection. Une instruction pour le gouvernement détermine les cas où ses décisions doivent être soumises à une approbation supérieure. Les ordonnances royales et les arrêtés ministériels donnés à la direction doivent être envoyés en copie au gouvernement de la province.

166. Le soin principal du gouvernement sera de veiller à ce que le règlement de la maison soit exactement observé, que l'ordre et la discipline règnent, qu'aucun abus ne s'introduise. A cet effet, l'établissement sera de temps en temps, au moins une fois tous les trois mois, soigneusement visité par le conseil départemental du gouvernement.

Les employés doivent donner à tout délégué du gouvernement les renseignements qu'il leur demande.

7

# ORDRE DU CABINET DU 26 MARS 1842.

---

1. Dans les établissements disciplinaires pour les femmes, la surveillance, à l'exception du directeur, sera exercée par des femmes.

Cette disposition n'est pas seulement applicable aux établissements destinés à la détention des femmes, elle doit encore s'étendre sur les quartiers des femmes dans les autres établissements disciplinaires.

Les gardiens actuels qui exercent la surveillance dans les salles de travail et dans les dortoirs seront successivement remplacés par des femmes.

Les communications des employés de l'administration avec les femmes détenues devront autant que possible être évitées.

2. Des conférences seront établies dans chaque prison entre le directeur et les employés supérieurs ; elles se tiendront deux fois par semaine. Les aumôniers et les médecins en feront notamment partie ; les conseillers départementaux du gouvernement devront aussi y assister lors de leur tournée. Le directeur présidera et décidera les délibérations. Dans ces conférences on traitera des affaires générales, de la nourriture, du vêtement, des travaux des détenus, aussi bien que de l'état moral de l'établissement. Feront encore l'objet de ces conférences les demandes en grâce formées par les détenus, et les avis à donner sur ces demandes ; l'examen et la question de savoir si les conditions desquelles dépend (aux termes des art. 138 et suivants du règlement de 1835) la libération des détenus ont été remplies ; les fautes graves et leur punition, la translation d'une classe dans une autre, enfin tous les objets sur lesquels le directeur croira devoir appeler une délibération.

Les aumôniers et les employés supérieurs sont également libres de soumettre à la conférence les questions qu'ils jugeront dignes de son examen.

La conférence n'est donnée au directeur que comme conseil ; la décision lui est toujours réservée ; par conséquent il demeure responsable de toutes les mesures.

Toutes les fois qu'il y aura des avis à donner aux autorités supérieures, le directeur fera mention, s'il y a lieu, de la divergence des opinions des membres de la conférence. Cette mention devient nécessaire toutes les fois que l'aumônier, dans des matières qui sont de sa compétence, est d'une opinion différente de celle du directeur. Dans ce cas, l'aumônier peut demander que son vote par écrit soit joint à l'avis du directeur.

3. Tous les employés de l'établissement sont sous les ordres du directeur. Pour ce qui regarde les aumôniers et les médecins, cette subordination n'a pas lieu en ce qui touche à leurs attributions spéciales. Dans toutes les autres affaires concernant le service ordinaire de l'établissement, ils devront se conformer aux ordres du directeur ; toutefois ce dernier n'est pas autorisé

à prononcer des punitions contre eux. Lorsque le directeur croira ces punitions nécessaires, il devra, après avoir entendu les parties intéressées, attendre la décision du gouvernement.

4. La libération de chaque condamné devra se faire avec une certaine solennité. Le directeur se concertera avec les aumôniers sur les moyens les plus propres à établir cette solennité, pour agir ensuite en conséquence.

5. La durée du travail, telle qu'elle est fixée par le règlement de 1835, est réduite d'une heure; de sorte que les détenus se lèveront une heure plus tard. Néanmoins le travail devra, sans réduction de la tâche, être terminé à huit heures du soir.

---

Tels sont, Monsieur le Ministre, les principaux renseignements que j'ai recueillis. Je désire que vous ne les jugiez pas tout-à-fait inutiles, et que les faits et les documents que je me suis efforcé de réunir aident quelque peu à la tâche importante que vous vous êtes proposée, en présentant aux Chambres la loi sur les prisons.

Je suis avec respect, Monsieur le Ministre, votre très humble et très obéissant serviteur,

H. HALLEZ-CLAPARÈDE.

# TABLE DES MATIÈRES.

----